Identitätspolitik

Fröhliche Wissenschaft 227

Inhalt

Bernd Stegemann

Identitätspolitik

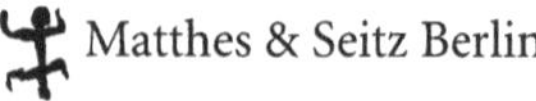

Einleitung

Identitätspolitik ist ein sperriges Wort, und viele aufgeregte Debatten kreisen um den Begriff, den keiner so recht zu erklären vermag. Dabei ist der Kern von Identitätspolitik so alt wie die Menschheit. »Wir zuerst!« ist der Schlachtruf, der zu allen Zeiten ertönt ist. »America first« ist Identitätspolitik, aber auch »Black Lives Matter« nutzt die Schlagkraft, die von dem »Wir zuerst!« ausgeht. Beiden Parolen ist eine rätselhafte Mischung aus Plattitüde und Polemik zu eigen. Natürlich zählen schwarze Leben. Doch der Ruf wird militant, wo die Aussage »All Lives Matter« nicht mehr akzeptiert wird. Warum sollen »alle Leben« nicht zählen, und warum sollen nur »schwarze Leben« zählen? Diese Frage führt ins Herz der Identitätspolitik.

In einer ersten Definition könnte man festhalten: Identitätspolitik ist Politik der ersten Person. »Wir zuerst!« und »Ich als Identität X« sind die Fundamente einer solchen Politik. Nun könnte man einwenden, dass doch jede Politik die Interessen einer Gruppe vertritt. Politik ist immer Identitätspolitik. Dieser Einwand ist berechtigt, denn Identitätspolitik ist die älteste Form von Politik. Sie spricht die archaischen Instinkte der Urhorde an. Wir halten reflexartig zusammen gegen die anderen, die meistens die

Feinde sind. Aus dieser historischen Tatsache folgte aber die Einsicht, dass die immerwährende Arbeit der Zivilisation darin besteht, die polemogene Kraft der Identitätspolitik einzuhegen. Gelingt diese Befriedung, können Konflikte gelöst werden, gelingt die Befriedung nicht, stehen sich feindselige Wir-Gruppen gegenüber, deren Ziel nicht mehr das gemeinsame Leben, sondern die Auslöschung der Feinde ist. Bedenkt man die unheilvolle Geschichte der Identitätspolitik, wird die Frage, warum dieser archaische Politikstil heute so viel Zulauf erhält, relevant. Und bedenkt man die identitätspolitischen Exzesse, mit denen Deutschland im 20. Jahrhundert gewütet hat, so ist es unerklärlich, warum gerade auf der linken Seite des politischen Spektrums Identitätspolitik für ein legitimes Mittel gehalten wird.

Meine Versuche, darauf Antworten zu finden, werden sich einen Weg durch verschiedene Aspekte der Identitätspolitik bahnen. Schon an der ersten Gabelung fällt auf, dass die Erkundung durch falsche Schilder erschwert wird. So wird vor allem von linken Identitätspolitikern geleugnet, dass sie Identitätspolitik betreiben. Die Leugnung geht häufig so weit, dass die Existenz von Identitätspolitik bestritten wird.[1] Dieser falschen Wegmarkierung darf aber nicht geglaubt werden, denn sie ist eine politische Strategie, mit der linke Identitätspolitik ihre Absichten besser durchsetzen will. Denn gerade linke Identitätspolitiker wissen um den archaischen Kern ihrer politischen Methode und sie wissen, dass dieser Kern zum Arsenal reaktionärer Politik gehört. Es erscheint ihnen also ratsam, diesen Kern zu verleugnen, da er im eklatanten Widerspruch zu ihren politischen Inhalten steht. Die Existenz von Identitätspolitik zu leugnen, gehört also bereits zu den Mitteln der Identitätspolitik.

In diesem argumentativen Trick wird ein zentrales Problem der Identitätspolitik angewendet: Sie führt doppelte Standards ein. Alles, was das Wir für richtig hält und was seinen Zwecken hilft, ist gut. Nutzt der politische Gegner die gleichen Mittel für seine Zwecke, dann sind diese Mittel böse. Linke Identitätspolitik ist gut, rechte Identitätspolitik ist schlecht, und umgekehrt. Die doppelten Standards führen zu unlösbaren Folgeproblemen. Wenn jedes Wir für sich eigene Regeln beansprucht und allen anderen Wir-Gruppen die Berechtigung auf die gleichen Regeln abspricht, sind Einigungen nicht mehr möglich. In ausdifferenzierten Gesellschaften gibt es unendlich viele Widersprüche, die einer Verständigung bedürfen. Aber durch die doppelten Standards werden aus Widersprüchen unlösbare Konflikte. Wer die Interessen der anderen Seite nur noch unter der Perspektive der Feindschaft sieht, der ist zur Verständigung nicht mehr bereit. Denn ein Kompromiss mit dem Feind käme einem Verrat an der eigenen Sache gleich.

Die zivilisierende Kraft der Demokratie besteht darin, dass alle Seiten ihre Interessen nach den gleichen Regeln beanspruchen dürfen. Identitätspolitik verletzt diese Gleichheit, indem sie verschiedene Regeln für die verschiedenen Gruppen fordert. Die Ängste junger Menschen vor dem Klimawandel sind relevant und müssen von der Politik viel mehr beachtet werden. Die Ängste älterer Menschen vor Migration sind hingegen irrelevant und dürfen von der Politik auf keinen Fall beachtet werden, und wiederum umgekehrt. Doch eine Gesellschaft braucht ein Fundament von geteilten Werten und Wahrheiten. So sollte »Alle Leben zählen« zu den Werten gehören, auf die sich alle einigen können. Wenn aber Menschen aufgrund dieses Wertes ihren Arbeitsplatz verlieren, wie es während der Black Lives Matter-Proteste in den USA passiert ist, dann wird das gemeinsame Fundament zum Kampfplatz der doppelten Standards. Wer »America first!« fordert, muss auch damit rechnen, dass für eine »Russki Mir!« gekämpft wird. Doch beide Ansprüche löschen sich gegenseitig aus. Identitätspolitik ist also nicht nur archaisch in ihrem Menschenbild, sondern sie ist auch zerstörerisch für alle zwischenstaatlichen und demokratischen Verfahren.

Schon nach diesem ersten Überblick stellt sich die Frage nochmal vehementer, warum immer mehr linke Gruppierungen zu den Mitteln der Identitätspolitik greifen. Und es stellt sich die Frage, was mit Links gemeint ist, wenn doch die Methode und die Folgen der Identitätspolitik eindeutig einem reaktionären und archaischen Menschen- und Gesellschaftsbild entsprechen.

Die Versuche, darauf Antworten zu finden, werden durch viele Widersprüche und falsche Vereinfachungen manövrieren. Der gemeinsame Kern all dieser politischen Handlungen ist, dass sie eine Stressreaktion auf die Zersplitterung der Gesellschaft sind. Identitätspolitik verspricht ebenso wie der Populismus einfache Lösungen in einer komplizierten Zeit. Die dialektische Pointe besteht aber in beiden Fällen darin, dass diese Stressreaktionen das Phänomen der

Zersplitterung immer weiter vergrößern. Identitätspolitik bewirkt also nicht nur auf der Ebene der Kompromissbildung, sondern auch auf der Ebene des zivilisierten Miteinanders das Gegenteil von dem, wofür sie angetreten ist. Sie stiftet Feindschaften, wo sie Gleichberechtigung schaffen will, und sie verhindert Kompromisse, wo sie Lösungen erzwingen will. Es gibt also nicht nur viele Gründe, diese regressive Form der Politik zu kritisieren, sondern es ist dringend notwendig, ihre argumentative Methode genauer zu beschreiben, um deren toxische Ausbreitung einzudämmen.

1. Identitätspolitik: archaisch und postmodern

Identitätspolitik ist die älteste Form von Politik und zugleich die aktuell erfolgreichste. Sie ist die älteste Form von Politik, da sie das einzelne Interesse an eine Gruppenidentität bindet und daraus eine robuste Waffe formt. Von der Urhorde über den Clan bis zur neuzeitlichen Nation definiert sich die Stellung des Einzelnen über sein Verhältnis zu etwas Größerem. Mit der Formel: »Ich als …« macht sich der Einzelne zum Teil einer Gruppe und schließt sein Wollen an eine höhere Macht an. Im Umkehrschluss wird die Gruppe, wenn sie sich auf eine gemeinsame Identität stützt, zu einer schlagkräftigen Einheit. Die Formel: »Wir als …« hat deutlich mehr Kraft als der vereinzelte Ruf nach Anerkennung. Die Politik der Identität verläuft also in beide Richtungen. Sie macht die Identität zum Ausgangspunkt des politischen Handelns (Ich als X fordere) und sie stärkt die Identität durch ihre Politik (Wir sind als Identität X legitimiert).

Identitätspolitik ist aktuell erfolgreich, weil sie die Sehnsucht des Menschen nach Anerkennung zu erfüllen verspricht. In einer zersplitterten Welt scheint die Sehnsucht jedes Einzelnen, gesehen und gehört zu werden, unerfüllt zu bleiben. Eine Politik, die die eigene Identität zum Thema hat, ist eingängig, da jeder gerne der eigenen Geschichte zuhört. Und in einer multikulturellen Gesellschaft ist eine Politik, die die Interessen einer Identität vertritt, durchsetzungsstark, da sie im Chaos der Bruchlinien eine klare Orientierung bietet. Identitätspolitik nutzt die archaischen Energien der gekränkten Ehre und der Entgegensetzung von Freunden und Feinden. Darum ist sie in einer komplexen Welt wirksam, da sie hilft, einen Überblick zu behalten. Der neue Aufschwung der alten Politik ist inzwischen jedoch so erfolgreich, dass ihre blutige Historie darüber vergessen wurde. Die Forderung »Wir als Nation« hat die Geschichte Europas durch Kriege geprägt. Völker wurden zu Kampfeinheiten zusammengeschweißt, und den wenigen Menschen, die vom Krieg nicht überzeugt waren, wurden mit der identitätspolitischen Propaganda das notwendige Ressentiment gegen den Feind und der blinde Zusammenhalt mit der Nation eingebläut.[2]

In der deutschen Vergangenheit hat die Rhetorik des Nationalsozialismus das Ausmaß identitätspolitischer Regression exemplarisch vorgeführt. Die Nazi-Reden schwankten zwischen Selbstmitleid über eine lange Kette der Demütigungen und dem einzigartigen Auftrag, den die deutsche Identität in der Welt zu erfüllen habe. Angetrieben wurde die aufpeitschende Rhetorik von dem Ressentiment der gekränkten Volksseele und der Verheißung, dass der Tag des Zorns bald kommen würde.[3]

Seit den Nazi-Exzessen des »Wir zuerst« sollte der Auftrag für die Nachgeborenen vor allem in Deutschland darin bestehen, die Politik der gekränkten und darum gewaltbereiten Identitäten einzudämmen. Doch das Gegenteil ist der Fall. Seit die Milieus, die sich als progressiv verstehen, die älteste Politikform zur Durchsetzung ihrer Interessen entdeckt haben, entstehen täglich neue Konflikte um Identitäten und ihre Vorrechte. Vergessen scheinen alle Erinnerungen an den blutigen Kampf der Identitäten. Die neue Legitimation lautet, dass es dieses Mal wirklich um die gute Sache ginge und dass es dieses Mal wirklich die Unterdrückten seien. Doch auch die gutgemeinte Reaktivierung der regressiven Kräfte bleibt ein Spiel mit dem Feuer.

Wird die Frage nach der gemeinsamen Identität zur Basis politischen Handelns, so entsteht eine gefährliche Mischung aus subjektivem Wollen, gemeinsamen Empfindlichkeiten und einer daraus abgeleiteten Legitimation für das »Wir zuerst«. Der verhängnisvolle Zirkelschluss der Identitätspolitik besteht darin, dass die eigenen Ansprüche eine besondere Berechtigung haben, weil sie in einer besonderen Identität begründet sind. Und die eigene Identität ist besonders, weil sie besondere Ansprüche hat. Der Appell an die eigene Identität wirkt selbstverstärkend, da alle Eigenarten zum Beweis einer Besonderheit werden, die den Zusammenhalt stärkt. Aus diesem Zusammenhalt werden die robusten Forderungen abgeleitet, die von allen anderen berücksichtigt werden müssen. So verstärken sich die Konflikte, weil die Widersprüche zu eindeutigen Fronten zwischen dem guten Wir und dem bösen Anderen verhärten. Identitätspolitik stärkt das Gemeinschaftsgefühl und ist eine Politik für tribalistische Gemeinschaften, die sich in einer feindlichen

Umwelt behaupten müssen. Wird ihre Methode in ausdifferenzierten Gesellschaften angewendet, so führt sie zu einer Retribalisierung, da aus sachlichen Widersprüchen wieder Stammeskämpfe werden.

Eine nichtidentitäre Politik kann nach anderen Wegen suchen, um Konflikte als sachliche Widersprüche verhandelbar zu machen. So wurden in der BRD von Jürgen Habermas eine auf universalistischen Normen beruhende Politik oder von Niklas Luhmann eine auf geregelten Verfahren basierende Legitimation ausgearbeitet. Beide Modelle stellen einen kategorischen Fortschritt zu dem alten Modell der Identitätspolitik dar. Sie befreien aus dem Zwang, alle Widersprüche als Konflikte zwischen feindlichen Parteien zu betrachten. Und sie formulieren die Interessen neutral und nicht als eine Frage der Identität, womit sie dabei helfen, Kompromisse zu finden. Die geflügelten Worte vom »zwanglosen Zwang« des besseren Arguments und einer »Legitimation durch Verfahren« wurden zum Kennzeichen eines solchen nüchternen Politikstils.

Da jeder für seine Interessen die besten Argumente suchen und auf die Neutralität der Verfahren vertrauen kann, herrscht auf dieser Ebene schon die erstrebte Gleichheit. Eine gerechte Gesellschaft zeichnet sich dadurch aus, dass vor dem Gesetz alle gleich sind und der rationale Gehalt eines Arguments gilt, unabhängig davon, wer es sagt und wann es gesagt wird. Solange die gleichen Regeln der Rationalität und intersubjektiven Plausibilität gelten, ist die zivilisatorische Basis für Gleichheit gegeben. Das Ziel ist also nicht Ergebnisgleichheit, sondern Chancengleichheit.

Doch die Phase der Ausnüchterung scheint beendet. Überall in der Welt flammen die heißen Konflikte wieder auf. Der Duell-Charakter zwischen Gut und Böse, wie ihn etwa der US-amerikanische Wahlkampf inszeniert und populistische Politiker in allen Ländern praktizieren, erscheint den komplexitätsmüden Zeitgenossen immer öfter eine willkommene Orientierung. Je mehr die historischen Erinnerungen an die amoklaufende Identitätspolitik verblassen, desto mehr schwindet auch die Vorsicht vor ihrer Widerauferstehung. Überall entzünden sich neue mikronationalistische Konflikte, die mit dem Recht auf eine eigene Identität angeheizt werden. Und überall werden sachliche Widersprüche zu fundamentalen Kämpfen erklärt, in denen es nur noch Sieger und Besiegte geben kann. Die Politik der gekränkten Identität bildet damals wie heute den Brandbeschleuniger des Nationalismus, darüber hinaus ist sie ein Treiber des immer stärker werdenden religiösen Fundamentalismus. Aber auch inmitten der befriedeten Gesellschaften entstehen identitätspolitisch erhitzte Kulturkämpfe.

Die Regression, die sich seit einigen Jahrzehnten in den multikulturellen Gesellschaften vollzieht, besteht in der Anwendung der Identitätspolitik für die Durchsetzung partikularer Interessen. Als erste regressive Tendenz fällt auf, dass der zwanglose Zwang des besseren Arguments seine befriedende Kraft verliert. An seine Stelle setzt sich die archaische Macht der identitären Behauptung: Der Wert einer Aussage bemisst sich daran, wer sie getätigt hat. Nicht mehr der rationale Gehalt des Arguments überzeugt, sondern die Position des Sprechenden ist entscheidend. Dieses neue Wahrheitsregime wird vor allem von linker Identitätspolitik durchgesetzt.

Linke Identitätspolitik ist eine neue Form der alten Identitätspolitik. Denn sie verbindet in einer paradoxen Weise Ressentiment, aggressive Identitätsbehauptungen und postmoderne Dekonstruktionen ebendieser Behauptungen von Eigentlichkeit. Die Paradoxie besteht in der gleichzeitigen Nutzung der archaischen Triebkraft des kollektiven Egoismus und der Dekonstruktion ebendieser Wir-Konstruktionen. Sie behauptet eine eindeutige Identität, und zugleich warnt sie vor der Gewalt, die von eindeutigen Identitäten ausgeht. Sie ist Befreiung aus der alten Identitätspolitik, und zugleich will sie eine neue, paradoxe Politik der Identitäten durchsetzen. Mit diesen widersprüchlichen Argumenten ist die neue Identitätspolitik ein Kind der Postmoderne.

Ihre Geschichte beginnt in den 1970er Jahren, in denen die postmodernen Theorien jede Eigentlichkeit dekonstruiert haben und in denen der neoliberale Kapitalismus jede Bindung als Markthindernis aufgelöst hat. Beide Deregulierungen sind auch an dem Wir-Gefühl nicht spurlos vorübergegangen. Die neue Wahrheit der postmodernen Theorien besteht darin, dass es keine Wahrheit mehr gibt, die für alle gleichermaßen gültig wäre. Schon hier liegt also eine paradoxe Konstruktion vor. Denn die Aussage, dass es keine allgemeingültige Aussage mehr geben könne, nimmt für sich eine allgemeingültige Wahrheit in Anspruch. Aus dieser Paradoxie folgen zahlreiche weitere paradoxe Aussagen, die vor allem bei den Identitätskonstruktionen der neuen Identitätspolitik zu einer Waffe in der politischen Kommunikation entwickelt wurden.

Dabei fängt die neue Identitätspolitik ganz altmodisch mit dem »Wir zuerst« als Triebkraft für politischen Protest an. Doch in ihrer postmodernen Mischform hat sich der Egoismus mit den Raffinessen paradoxer Argumentationen verbündet. Das »Wir« ist zu einem exklusiven Club geworden, der eine doppelte Prüfung verlangt: Es braucht eine eigentliche Identität (Hautfarbe, Religion, Nation, Geschlecht) und es braucht die Dekonstruktion der eigentlichen Identität (Hautfarbe als Konzept, Religion als Merkmal von Individualität, Nation als Negativfolie des Menschseins, Geschlecht als soziale Konstruktion). Diese neue Form der Identitätspolitik ist nicht nur allgegenwärtig, sondern in ihrer Methode weitestgehend unverstanden. Unkenntnis über ihre Methode ist ein wichtiger Bestandteil ihrer Durchsetzungskraft.

2. Der Kampf um Anerkennung

Alle Menschen suchen nach Anerkennung, und kaum jemandem wird die erlösende Anerkennung zuteil. In fast allen Menschen nagt das Ressentiment. Die bis heute gültige Beschreibung für seine Entstehung hat Aristoteles gegeben: Zornig wird, wer Mangel leidet und dessen Mangel man Geringschätzung entgegenbringt.[4] Und aus dem Zorn entsteht das Ressentiment, wenn der Zorn keinen Weg findet, um seine Lage verändern zu können. Das Ressentiment ist der nach innen gewendete Zorn, der die Seele vergiftet.

Das Gefühl, man sei zu kurz gekommen und das Leben habe es nicht gut mit einem gemeint, ist allgegenwärtig. Es zum Treiber politischen Handelns zu machen, verspricht darum Erfolg und ist zugleich die gefährlichste Art von Politik. Die Geister des Ressentiments sind zu allen Zeiten leicht zu wecken. Doch sind sie einmal entflammt, so berauschen sie sich an ihren empörten Gefühlen. Eine zornige Menge noch lenken zu wollen, wenn sie davon überzeugt ist, das Richtige zu tun, gelingt selten. Keine Zivilisation ist vor dem Furor des Ressentiments sicher und keine Aufklärung konnte bisher einen Schutzwall vor der selbstgerechten Wut errichten.[5]

Das pragmatische Argument, das den Auftrieb

der Identitätspolitik in der Gegenwart befeuert, lautet, dass mit dieser Methode zuverlässig Erfolge erzielt werden können. Die moralische Panik erzeugt Aufmerksamkeit und da viele Menschen für die Forderungen nach Gleichheit empfänglich sind, können so Forderungen durchgesetzt werden. Zugleich wächst durch die Betonung der eigenen Identität das Selbstbewusstsein der jeweiligen Community, was weitere Forderungen an das Gesamt der Gesellschaft nach sich zieht. Der Kreislauf aus Aufmerksamkeit durch Empörung und wachsendem Selbstbewusstsein funktioniert, solange die Gesamtgesellschaft empfänglich bleibt. Es wäre also unklug, eine so erfolgreiche Methode wieder aus der Hand zu geben. Wer gelernt hat, dass der wütende Aufschrei hilft, die eigenen Interessen durchzusetzen, wird ihn immer wieder anstimmen. Diese Erfolge sind jedoch nur aus der Sicht der partikularen Interessen zu begrüßen. Schaut man auf die Regeln, die eine Gesellschaft befrieden und organisieren, so befördern die Mittel, mit denen die partikularen Erfolge erreicht werden, die gesellschaftliche Regression.[6]

Ohne Anerkennung funktioniert kein soziales Leben, doch wird der Kampf um Anerkennung zum Hauptantrieb der Politik gemacht, wird aus jedem Widerspruch eine Frage der Ehre. Identitätspolitik produziert darum das Gegenteil von dem, was sie in ihrer aktuellen Neuauflage behauptet zu wollen. Ihre Verfechter verfolgen das Ziel, Gleichheit herzustellen, ihre identitätspolitischen Mittel erzeugen aber Ungleichheit. In einer ausdifferenzierten Gesellschaft überlagern sich vielfältige Widersprüche. Politik muss lernen, mit der Komplexität einen Umgang zu finden, ohne sich davon lähmen zu lassen und doch noch zu kollektiv bindenden Entscheidungen zu kommen. Die Herausforderung für Politik besteht also nicht mehr nur in der Vermittlung zwischen eindeutigen Widersprüchen, sondern vor allem im Ausgleich zwischen einem Chaos von Ansprüchen. Entscheidungen müssen für alle überzeugend sein und zugleich sollen möglichst viele Aspekte der Widersprüche Eingang in die Entscheidung finden. Oft wirkt darum das politische Handeln gelähmt und seine Entscheidungen hinken der Realität hinterher.

Identitätspolitik findet immer mehr Zuspruch, da sie einen magischen Ausweg aus dieser Lähmung durch Komplexität verspricht. Sie reduziert die Komplexität auf eine Frontlinie zwischen Gut und Böse. Ist die Front einmal etabliert, stehen alle Beteiligten automatisch auf einer der beiden Seiten. Und die Seite, die die Unterscheidung in Gut und Böse vorgenommen hat, hält sich naturgemäß für die gute. Ab jetzt kann jede Kritik dadurch abgewehrt werden, da sie von der anderen Seite der Front vorgebracht wird. Diese Immunisierung hilft nicht nur gegen sachliche Argumente, sondern auch gegen Einwände, die die Methode betreffen, überhaupt eine Frontlinie ziehen zu wollen. Kritiker sind nicht nur böse, wenn sie widersprechen, sie sind auch böse, wenn sie die Front nicht akzeptieren wollen. So gelten inzwischen Kritiker der Identitätspolitik sogar als böse, wenn sie nicht ihre Forderungen, sondern ihre Methode ablehnen.

Dieses gleichzeitige Agieren auf zwei logischen Ebenen gehört zu den wirkungsvollsten Eigenarten der Identitätspolitik und ist das Kennzeichen der Kulturkämpfe.[7] Die Eigenart des Kulturkampfs ist, dass nicht nur konkrete Interessen durchgesetzt werden, sondern dass zugleich eine Werteordnung etabliert werden soll. Werden Konflikte in den Modus des Kulturkampfes gebracht, werden sie unlösbar. Der andere ist nicht nur anderer Meinung, sondern er vertritt auch Werte, die als böse gebrandmarkt sind. So wird der politische Gegner zum Feind. Ein solcher Kampf erringt viel Aufmerksamkeit, da er aus jeder Sachfrage einen Kampf Gut gegen Böse macht. Und die Partei, der es im Kulturkampf gelingt, die Definitionsmacht über Gut und Böse zu haben, ist praktisch unbesiegbar. Da jede Partei behauptet, die Definitionsmacht über Gut und Böse zu haben, verlagern sich die Sachfragen zwangsläufig auf die Ebene der Werte.

Die Empörungsroutine der Identitätspolitik verschafft hierbei in einer medial erhitzten Gesellschaft Vorteile. Doch für die gesamte politische Öffentlichkeit bedeutet gerade diese dauernde Empörung einen Rückschritt hinter die erreichten Fähigkeiten, komplexitätstauglich zu agieren. Was im Selbstbild linker Identitätspolitik fortschrittlich sein will, wirkt somit in der politischen Praxis regressiv. Die Folgen dieser Regression verbinden sich mit anderen regressiven Bewegungen zu einer wachsenden Gefahr für die ausdifferenzierten Gesellschaften.

3. Die zwei Hypotheken der Identitätspolitik

Der Kapitalismus bestimmt global das Leben der Menschen. Aus diesem Grund können gesellschaftliche Entwicklungen nur vor dem Hintergrund der Veränderungen dieser ökonomischen Herrschaft beschrieben werden. Mit dem Zusammenbruch des Sozialismus befreite sich die kapitalistische Hälfte der Welt von der Rücksichtnahme gegenüber der ausgebeuteten Arbeitskraft und beschleunigte den Umbau des fordistischen zum neoliberalen Kapitalismus. Die Folgen sind weltweit bekannt: Deregulierung der Märkte, Finanzialisierung der Börsen, Konkurrenz aller Marktteilnehmer und der Zwang zur permanenten Steigerung der Produktivität.

Was in der Logik der Renditenmaximierung als Fortschritt erscheint, ist tatsächlich eine regressive Bewegung. Die kapitalistische Regression betrifft verschiedene Bereiche: Was die sozialdemokratischen Parteien an solidarischen Absicherungen errungen hatten, wurde in den Industrienationen schrittweise und in den Schwellenländern schockartig wieder abgebaut. In der Folge schwindet das Vertrauen in die Kraft einer solidarischen Gesellschaft, so dass Resignation und Egoismus zu dominanten Gefühlen werden. Aus dieser Gefühlslage entsteht eine politische Stimmung, die von Angst und Wut geprägt ist. Wer sich alleingelassen wähnt, verliert nicht nur das Selbstvertrauen, sondern missgönnt anderen ihr vermeintlich besseres Leben. Das Aufkommen rechtspopulistischer Parteien und autokratischer Politiker ist die konkrete Folge dieser großen Regression.

Als sich in den 2000er Jahren auch die sozialdemokratischen Parteien[8] der neoliberalen Regression verschrieben haben, schien das Projekt einer sozial gleichen Gesellschaft beendet. In dieser historischen Situation wurden die alten Kämpfe um Anerkennung wieder populär. Die Frage der gerechten Verteilung des Reichtums wich einem Wiedergänger uralter Politik, der als Identitätspolitik bezeichnet wird. Der wachsende Zuspruch erklärt sich also nicht nur aus den immer virulenten Kämpfen um Anerkennung, sondern auch aus einer Verschiebung der politischen Schwerpunkte. Je mehr sich die Deregulierungen des Neoliberalismus durchsetzen konnten, desto ohnmächtiger fühlten sich die nationalen Regierungen, noch eine sozial ausgewogene Politik machen zu können, und desto verlockender erscheinen die Erfolge, die auf dem Gebiet der Anerkennungspolitik zu erringen sind. Identitätspolitik wird zum Politikmodell für Gesellschaften, die vom Neoliberalismus beherrscht werden.

Unterstützt wurde diese Entwicklung durch ein Bündnis von postmodernen Theorien und neoliberaler Agenda. Beide begrüßten die Dekonstruktion von Bindungen und radikalisierten die Zersplitterung der sozialen Beziehungen. Was in der postmodernen Theorie als Befreiung von den Zwängen der Tradition oder der Gruppenidentität gefeiert wurde, hätte Identitätspolitik eigentlich verabschieden müssen. Doch durch die Verbindung mit den materiellen Folgen einer dekonstruierten Gesellschaft entstanden Folgeprobleme, deren Lösung die neue alte Identitätspolitik bereitzustellen schien. So kam es zu der überraschenden Dialektik, dass die ökonomisch produzierte und theoretisch geforderte Atomisierung die beiden großen Regressionen des rechts-identitätspolitischen Nationalismus und des links-identitätspolitischen Partikularismus provoziert hat. Auf die Enthemmung der Märkte und Entsolidarisierung der Menschen folgte der Backlash der Anerkennungskämpfe.

So unterschiedlich die Motive und Weltanschauungen rechter und linker Identitätspolitik auch sind, in ihrem Gefühl mangelnder Anerkennung und in ihrer politischen Methode sind sie gleich. Um aus den Bruchlinien der Gesellschaft politisches Kapital schlagen zu können, nutzen beide das Ressentiment derjenigen, die sich nicht genügend anerkannt fühlen. Die Antwort der rechten Identitätspolitik besteht in den alten Rezepten der Volksgemeinschaft und der Nation. Die Antworten der linken Identitätspolitik sind widersprüchlicher, da sie die Behauptung einer Identität mit den Theorien der Dekonstruktion verbinden.

Die folgenreichste Auflösung dieses Widerspruchs hat Gayatri Spivak in ihrem weltweit beachteten Essay »Can the Subaltern speak?«[9] gegeben. Der Titel stellt eine provozierende Frage, die im Text ebenso provozierend mit einem Nein beantwortet wird. Ihre Untersuchung geht von dem Fall einer indischen Witwe aus, die nach dem Tod ihres Mannes ihrer eigenen Verbrennung zustimmen soll, um so der indischen Tradition gerecht zu werden. Das Dilemma besteht nun darin, dass ein Nein zur eigenen Verbrennung nicht nur ein Protest gegen die indische Tradition wäre, sondern auch der Logik der Kolonialmacht England entspräche, die die menschenverachtende Tradition der Witwenverbrennung ablehnt. Die Witwe steht also vor dem Dilemma, dass sie, um ihr eigenes Leben zu retten, sich der Logik der Kolonialmacht unterwerfen muss. Daraus folgt für Spivak die provozierende Erkenntnis, dass es für mehrfach unterdrückte Menschengruppen keine eigene Sprache gibt. Sie können nur zwischen verschiedenen Formen der Unterdrückung wählen, woraus folgt, dass sie keine Möglichkeit haben, für sich selbst zu sprechen.

Der Ausweg, den Spivak dann entwickelt, ist seitdem eine schwerwiegende Hypothek für die linke Identitätspolitik. Sie empfiehlt eine anspruchsvolle Verbindung von eigentlichem und uneigentlichem Denken, die sie »strategischen Essentialismus« nennt. Damit meint sie, dass die unterdrückte Gruppe zuerst ihre eigene Identität stärken muss, um überhaupt zu einer eigenen Sprechfähigkeit zu gelangen. Beispielsweise musste die schwarze Bürgerrechtsbewegung in den USA der 1950er Jahre, um protestfähig zu werden, ihre »schwarze« Identität stärken. Um Gleichheit zu erreichen, muss Ungleichheit gefördert werden. Durch Spivaks Vorschlag kommt also ein grundlegendes Paradox in die Identitätspolitik.

In ihrem Essay beschreibt sie darum auch die Gefahren, die daraus folgen können. Sie betont, dass ein Empowerment der unterdrückten Identitätsgruppe nur ein Zwischenschritt zur Gleichheit sein kann. Die Differenz zwischen den Unterdrückern und den Unterdrückten soll ein letztes Mal groß gemacht werden, um sie dadurch überwinden zu können.[10] Sie mahnt, dass es nicht im Interesse der unterdrückten Minderheit liegen kann, einen dauerhaften Unterschied zwischen den Menschengruppen zu behaupten. Denn genau diese Behauptung von essenziellen Unterschieden ist die Ursache für Rassismus, der in der Geschichte der USA oder Europas von den weißen Mehrheiten verwendet wurde, die einen »natürlichen« Unterschied zu anderen Völkern betont hatten, um ihren Kolonialismus zu legitimieren.

Wann immer der strategische Essentialismus verwendet wird, ist es also wichtig zu betonen, dass es sich um einen bewussten Einsatz einer gefährlichen Methode handelt. Begründet ist diese Strategie damit, dass es gegen die Tradition der Ungleichheit erst einmal eine neue Ungleichheit braucht, damit die schwächere Seite überhaupt in die Lage versetzt wird, sich selbst zu behaupten. Die Gefahr dieser Methode besteht aber darin, dass die selbstbewusste Behauptung einer besonderen Identität nicht nur als Zwischenschritt verstanden wird, sondern dass sich das so gewonnene neue Selbstbewusstsein zum Ziel aller Bemühungen erklärt. Wird aber aus dem strategischen ein eigentlicher Essentialismus, wiederholt die neue Gruppenidentität den Archaismus, dem die rechte Identitätspolitik folgt. Diese leitet aus der Überzeugung ihrer essentialistischen Identität eine Legitimation ab, um für sich andere Regeln zu beanspruchen als für alle anderen.

Mit dem strategischen Essentialismus beginnt der weltweite Aufstieg der linken Identitätspolitik. Und zugleich teilen sich hier die Entwicklungen rechter und linker Identitätspolitik. Die rechte Identitätspolitik der Nationen und Religionen behauptet als ihren Ursprung eine eigentliche und darum essentialistische Wahrheit. Dass die Identität irgendwann entstanden ist, wird ebenso geleugnet wie der Anteil der menschlichen Entscheidung daran. Die Essenz rechter Identität ist mit sich selbst identisch.

Linke Identitätspolitik formt hingegen den Kern ihrer Identität als paradoxe Konstruktion. Zum einen sollen alle eigentlichen Identitäten dekonstruiert werden (man wird als Mensch geboren und zur Frau/zum Mann gemacht). Zum anderen stößt die Dekonstruktion an Grenzen, die sie nicht überschreiten will. Man wird zur Frau/zum Mann gemacht, aber nicht jeder darf sich jederzeit zur Frau/zum Mann machen. Das paradoxe Verhältnis zwischen Dekonstruktion und Essentialismus führt seitdem bei den Debatten um die Konzepte »Schwarz« und »Weiß«, und männlich/weiblich zu unlösbaren Widersprüchen.[11]

Während rechte Identitätspolitik ein eigentliches Fundament behauptet, das sich jeder politischen Entscheidung widersetzt, behauptet linke Identitätspolitik einen paradoxen Essentialismus, der mal eigentlich ist und mal dekonstruiert werden kann. Die Entwicklung linker Identitätspolitik zeigt, dass aus dieser Paradoxie Folgeprobleme entstehen. Zum einen öffnet die Entscheidung, wann der essentialistische und wann der strategische Anteil zählt, den Raum für Willkür. Zum anderen zeichnet sich ab, dass der essentialistische

Anteil immer bestimmender wird und sich linke Identitätspolitik damit immer mehr der Unbedingtheit rechter Identitätspolitik annähert. Die erste Hypothek linker Identitätspolitik besteht also im Paradox des strategischen Essentialismus, das zur Macht willkürlicher Entscheidungen führt und in der politischen Praxis die Seite des rechten Essentialismus stärkt.

Die zweite Hypothek besteht in einem Phänomen, das die US-amerikanische Politologin Nancy Fraser »progressiven Neoliberalismus«[12] genannt hat. Damit ist gemeint, dass die Fragen der Anerkennung, die von der linken Identitätspolitik besonders eindringlich gestellt werden, die sozialen Fragen verdrängen. Identitätspolitik hilft dem Kapital bei seinem Bemühen, die Rivalität bei der Verteilung des produzierten Mehrwerts durch die Fragen nach gleicher Anerkennung zu ersetzen. Die positive Haltung des Kapitalismus zur Identitätspolitik erklärt sich aus der einfachen Tatsache, dass der Klassenkampf die Rendite schmälert, während die gerechtere Verteilung von Anerkennung kaum Geld kostet, sondern im Gegenteil den Profit steigert. In der Gegenwart ist Anerkennungspolitik bei der Produktion und Vermarktung der Konsumgüter so profitabel, dass vor allem das Kapital großes Interesse an einer identitätspolitisch regierten Gesellschaft hat. Alle Menschen sollen gleichermaßen konsumieren und arbeiten dürfen. So dient Identitätspolitik in einer neoliberalen Gesellschaft als Überdruckventil für die blockierten sozialen Proteste und sie taugt zum Geschäftsmodell für einen woken Kapitalismus.

4. Identitätspolitik versus Klassenpolitik

Bei oberflächlicher Betrachtung könnte man meinen, dass Spivaks Vorschlag eines strategischen Essentialismus sehr ähnlich ist zu den Kämpfen um das Klassenbewusstsein, da auch hier das Bewusstsein einer gemeinsamen Identität die Kampfkraft stärken sollte. Doch beide Methoden unterscheiden sich kategorisch. Der erste Unterschied besteht darin, dass die Identität der Klasse kein subjektives Empfinden ist. Sie resultiert also nicht aus einer persönlichen Kränkung oder Ungleichbehandlung, sondern sie ist eine materielle Tatsache, die für alle gilt, die Teil dieser Klasse sind. Die Unterschiede im Eigentum der Produktionsmittel entscheiden darüber, ob man zur Klasse der Kapitalisten oder zur Klasse der Ausgebeuteten gehört. Die Frage der Anerkennung spielt dabei eine untergeordnete Rolle, denn auch der Kapitalist kann sich zu wenig anerkannt fühlen und der Ausgebeutete könnte sich in seiner materiellen Ohnmacht sogar respektiert fühlen. Aber dieses Empfinden ändert nichts an der Klassenlage.

Die Aufgabe des Klassenbewusstseins besteht also darin, ein gemeinsames Bewusstsein über die materiellen Ursachen der Ungleichheit zu entwickeln. Dieses Bewusstsein ist kein Ziel, sondern ein notwendiger Schritt, um die Interessen als Klasse vertreten zu können. Das Ziel ist die Aufhebung der sozialen Ungleichheit. Im Unterschied dazu will Identitätspolitik zuerst die Anerkennung ihrer besonderen Identität erreichen, und die Anerkennung der partikularen Gruppe ist bei diesem Kampf die treibende Kraft. Ist sie erfüllt, verliert die Forderung nach der gleichen Anerkennung für alle ihre Dringlichkeit. Doch dieser Erfolg ist für die Akteure der Identitätspolitik nicht wünschenswert. Denn mit wachsender Gleichheit schwinden die Anlässe für die Empörung und damit der Antrieb für die partikularen Forderungen. Damit der Empörungsschub nicht nachlässt, wird die vollständige Anerkennung der besonderen Identität, je länger der Kampf dauert, zum unerreichbaren Ziel. Die Besonderheit der Gruppenidentität wird immer unvergleichlicher, da der Community-Spirit seine Kraft gerade aus der Abgrenzung zur Mehrheit bezieht. Je weniger Ungleichheit es gibt, desto sensibler wird danach gefahndet.

Das Ziel der Klassenpolitik ist hingegen nicht die mangelnde Anerkennung, sondern die materielle Besserstellung. Aus diesem Grund wäre mit dem Erreichen des Zwischenschritts, also der Anerkennung des Ausgebeutetseins, nichts gewonnen. Darum kann eine solche Anerkennung im Verlauf des Kampfes nicht zum Ziel werden.[13] Dass trotz des kategorialen Unterschieds immer wieder beide Methoden gleichgesetzt werden, ist nur damit zu erklären, dass Identitätspolitik inzwischen zur herrschenden Methode geworden ist, Ungleichheiten zu beklagen. Und diese Ungleichheiten werden vornehmlich in den Kategorien der Anerkennung und der Kränkung beschrieben. So wurde inzwischen das Klassenbewusstsein durch den Begriff des Klassismus ersetzt. Damit ist ein seltsamer Zwitter entstanden, der das schlechte aus beiden Methoden vereint, denn im Klassismus wird die Frage der Anerkennung für arme Menschen zum Ziel linker Politik.[14]

Die Unterschiede zwischen Identitätspolitik und Klassenpolitik sind also grundlegend. Im Alltag zeigen sie sich vor allem in der Emotionalität, mit der die Kämpfe betrieben werden. Identitätspolitik arbeitet mit den heißen Gefühlen der Kränkung, der Empörung und der Rachsucht. Klassenpolitik braucht die nüchterne Analyse, um zu erkennen, wo der materielle Widerspruch konkret wird. Sie praktiziert den kühlen Blick der dialektischen Analyse.

Wie dominant die identitätspolitische Methode inzwischen ist, zeigt sich daran, dass der Konflikt zwischen den materiellen Kämpfen und den Anerkennungskämpfen von der Identitätspolitik geleugnet wird. Ihr Argument lautet, dass sich unterschiedliche Diskriminierungen überschneiden können. Mit dem Begriff der Intersektionalität soll diese vielfache Benachteiligung beschrieben werden. Dass Menschen vielfach benachteiligt werden, ist eine unbestreitbare Tatsache. Die politische Differenz setzt aber in der Art der Beschreibung an. Und hier führt die Dominanz der identitätspolitischen Methode dazu, dass die materiellen Teile der mehrfachen Benachteiligung deutlich weniger beachtet werden. Im Alltag führt das dazu, dass die Fragen der gendergerechten Sprache oder ein Anti-Rassismus-Workshop mehr Energien freisetzen als die Mühen gewerkschaftlicher Tarifverhandlungen. Die heißen Themen verdrängen in der Öffentlichkeit die Mühen der Ebene.

Die identitätspolitische Methode hat es damit geschafft, dass die politische Linke zusehends die Agenda vertritt, die Nancy Fraser als progressiven Neoliberalismus beschrieben hat. Alle Fragen der Diskriminierung werden emotional hitzig debattiert, und die materiellen Fragen werden zum uncoolen Thema.[15] Das führt zu einem veränderten öffentlichen Klima, in dem schon kleinste Verstöße im symbolischen Raum der Anerkennung zu großen Skandalen führen können, während die drastischen Ungleichheiten bei der Vermögensverteilung keine Proteststürme mehr entfesseln können. Dass diese Umverteilung der öffentlichen Aufmerksamkeit dem Kapital gefällt, ist verständlich, denn so kann es im Windschatten der allgemeinen Aufregung seine eigenen Regeln durchsetzen.

Im progressiven Neoliberalismus wird also eine regressive Tendenz der Identitätspolitik sichtbar. Soziale Kämpfe werden zu Anerkennungskämpfen, deren Forderungen für das Kapital leicht zu erfüllen sind. Eine solche Politik ist inzwischen so nützlich für die Interessen des Kapitals, dass es die Anerkennungskämpfe bereits planmäßig in die Renditesteigerungen einpreist. Der woke Kapitalismus nutzt alle Variationen der Anerkennungsfragen, um seine Waren global bewerben zu können. Das Pinkwashing oder Greenwashing sind Strategien, mit denen die Ziele der LGBTQ+ oder der Umweltbewegung zu Werbeträgern gemacht werden. Und zugleich wird die Wokeness in der symbolischen Ordnung genutzt, um die realen Arbeitskämpfe auszubremsen. Exemplarisch hierfür ist der globale Konzern Amazon. Er erlässt immer neue Richtlinien für ein diskriminierungsfreies Arbeiten, und zugleich bekämpft er Gewerkschaften und soziale Absicherungen.

Die Macht des progressiven Neoliberalismus besteht also darin, dass ein emotional heißes Thema wie Diskriminierung genutzt wird, um die nüchternen Mühen der Sozialpolitik zu verdrängen. Identitätspolitik nutzt die Erregbarkeit der Anerkennungskämpfe und verschiebt damit die öffentliche Debatte immer mehr in Richtung der lauten Empörung. Dass der intersektionale Ansatz behauptet, er würde die Vielfalt der Benachteiligungen beachten, ist darum nur auf der Ebene der theoretischen Analyse zutreffend. In der politischen Kommunikation dominiert die Methode des Aufschreis.

5. Identitätspolitik versus Universalismus

Ungleichheit ist das Kennzeichen menschlicher Gesellschaften. Seien es die antiken Sklavenhaltergesellschaften, der mittelalterliche Ständestaat oder der Feudalismus, sie alle teilten Menschen in Gruppen ein, denen verschiedene Rechte und Pflichten zustanden. Das Wort eines Sklaven konnte gegen das eines Römers nichts ausrichten, und die Rechte eines Adeligen waren grundsätzlich andere als die eines Bauern. Angesichts dieser langen Geschichte der Ungleichheit kann die revolutionäre Sprengkraft der Ideen der bürgerlichen Aufklärung gar nicht hoch genug eingeschätzt werden. Erstmalig wurde eine Gesellschaft gefordert, die gleiche Rechte und gleiche Freiheiten für alle Menschen gewähren sollte. Die regulative Idee des Universalismus setzte zahlreiche fortschrittliche Kräfte frei, die zur amerikanischen und zur französischen Revolution führten. Und diese Neugründungen bürgerlicher Gesellschaften wurden weltweit zum Vorbild für erstrebenswerte Staatsbildungen.

Die Idee des Universalismus ist zwar revolutionär, doch zugleich ist sie eine regulative Idee. Das meint, dass sie keinen Realzustand beschreibt, sondern ein Ideal. Da in jeder Gesellschaft eine Differenz besteht zwischen dem Ideal der universalistischen Gleichheit und den realen Ungleichheiten, ist sie Ansporn für Kritik, die im gelungenen Fall zur weiteren Aufhebung der Ungleichheit führt.[16] Die Gesellschaftskritik gehört darum notwendig zur regulativen Idee des Universalismus. Die Kritik am Universalismus, den die Identitätspolitik übt, unterscheidet sich jedoch hiervon. Diese radikale Kritik will nicht nur auf einzelne Missstände hinweisen, sondern sie stellt die Idee des Universalismus infrage. Sie will nicht eine gerechte Verteilung der Anerkennung, sondern sie will die Regeln der Verteilung verändern. In einer solchen fundamentalen Kritik treten die Forderungen partikularer Interessen in einen Gegensatz zur Gleichheit des Universalismus.

Damit der Universalismus konkret werden kann, braucht es die Bereitschaft eines jeden Einzelnen zu einer besonderen Anerkennung des anderen. Diese Bereitschaft muss allgegenwärtig sein und permanent eingeübt werden. Aus diesem Grund haben die liberalen Gesellschaften alle Interaktionen mit einer anspruchsvollen Regel versehen: »take the role of the other«.[17] Damit ist gemeint, dass jeder die Bereitschaft aufbringen muss, sich in die Lage des anderen hineinzuversetzen. Nur durch diese empathische Arbeit können Vorurteile abgebaut werden und kann Verständnis für den anderen entwickelt werden. Doch genau diese Fähigkeit des Menschen zur empathischen Anteilnahme wird von der Identitätspolitik infrage gestellt. Ihre Gegenbehauptung lautet, dass die Erfahrungen von Diskriminierung und Rassismus so einzigartig sind, dass sie von niemandem nachgefühlt werden können, der nicht genau die gleichen Erfahrungen gemacht hat. Eine solche Identitätskonstruktion verweigert, dass Außenstehende sie verstehen dürfen. Eine solche Absage an die Voraussetzung der Gleichheit zwischen den Menschen ist folgenreich und sie untergräbt den erreichten zivilisatorischen Stand.

Die Erfahrungen der feindseligen Ausgrenzung sind vielfältig und nicht jede dieser schlechten Erfahrungen geht auf rassistische Motive zurück. Das Kind, das weniger beweglich ist, kann in der Turnstunde gehänselt werden, oder der Schüler, der die »falsche« Kleidung trägt, kann deswegen ausgeschlossen werden. Die Hautfarbe spielt dabei keine Rolle. Da alle Menschen die Erfahrung von Diskriminierung machen und sie zur Übertragung fähig sind, ist die Behauptung, dass niemand eine spezifische Diskriminierung nachfühlen könne, falsch.

Wenn behauptet wird, dass Menschen nur die mit ihrer Biografie identischen Erfahrungen auch nachvollziehen können, spricht dies der Menschlichkeit ihre grundlegende Eigenschaft ab. Denn es ist gerade die Fähigkeit zur Identifikation mit dem Fremden, die Menschen auszeichnet. Wenn Kinder sich im Puppentheater mit dem Kasperle identifizieren, entspricht das ebenso wenig ihrer Lebenserfahrung wie die Identifikation mit dem außerirdischen E. T. Die menschliche Fähigkeit zur Identifikation ist unbegrenzt. Menschen diese Fähigkeit absprechen zu wollen, stellt eine fundamentale Einschränkung dar. Warum die Menschlichkeit um diese Dimension verkürzt werden soll, ist erklärungsbedürftig. Diese Erklärung liefert die identitätspolitische Anweisung in Form ihres Machtanspruchs.

Darin besteht die zweite Zumutung der identitätspolitischen Behauptung. Hier wird das Erleben des Opfers zu einer Autorität gemacht, die sich gegen Einwände abschirmt. Indem behauptet wird, dass das eigene Erleben von niemandem verstanden werden kann, der nicht das Gleiche erlebt hat, wird das Gespräch zu einem Monolog. Der Machtanspruch besteht darin, dass nur noch die eine Wahrheit gehört werden soll und nur noch der einen Wahrheit geglaubt werden darf. Die politische Absicht besteht offensichtlich darin, einen Vorteil in der Hierarchie der Sprecherpositionen zu erwirken. Wenn die Erfahrungen des Opfers unvergleichlich sind, können seine Ansprüche nicht mehr befragt werden und sind absolut gültig. Die daraus abgeleitete Regel, dass den Opfern immer geglaubt werden muss, ist die explizite Folge des Angriffs auf die menschliche Fähigkeit zur Empathie. Für den Machtgewinn, dass niemand mehr widersprechen darf, negiert die Identitätspolitik die grundlegende Eigenschaft des Menschen zur Empathie. Die Fähigkeit, sich in den anderen hineinzuversetzen, wird abgelehnt, und an ihre Stelle tritt die Aufforderung, dass sich alle dem Erleben des Opfers unterwerfen sollen.

Doch worauf basiert diese Unterwerfung, wenn es nicht zuvor die Fähigkeit zur Anteilnahme gegeben hätte? Wer sich nicht in die Rolle des anderen hineinversetzen kann, der wird auch nicht bei dem Monolog des Opfers mitfühlen. Insofern missbraucht die Identitätspolitik die Bereitschaft zur Anerkennung von fremdem Leid, indem sie den Anerkennenden zum einen die Fähigkeit zur Empathie abspricht und zugleich eine Unterwerfung unter das fremde Erleben verlangt. Sie entmündigt Menschen, indem sie das »take over« des fremden Gefühls ablehnt und sie stattdessen in eine Position zwingt, in der sie nur noch stumm zuhören dürfen. So werden aus Mitmenschen Untergebene und aus Mitfühlenden Befehlsempfänger.

Die Identitätspolitik lehnt aber nicht nur die Fähigkeit zur Empathie ab, sondern sie greift den Universalismus auch auf einer ideologischen Ebene an. Dazu zieht sie eine Verbindung von seiner historischen Genese zur Gültigkeit seiner regulativen Idee. Schaut man auf die historische Entwicklung der universalistischen Ideen, so ist offensichtlich, dass sie neben ihrer fortschrittlichen Agenda auch als Begründung für Ungleichheiten herhalten mussten. Die bürgerliche Gesellschaft hat die Ungleichheiten des Kapitalismus nicht nur toleriert, sondern befördert. Und die weißen Gesellschaften haben den Universalismus lange auf ihre Hautfarbe begrenzt, womit sie eine Legitimation zu haben schienen, andere Menschen versklaven und kolonialisieren zu dürfen. Kritik am Universalismus ist also notwendig und gehört zur Entwicklung einer aufgeklärten Gesellschaft.

Die identitätspolitische Kritik am Universalismus setzt jedoch am Fundament an, indem sie verkennt, dass der historische Missbrauch kein hinreichender Einwand gegen die regulative Idee des Universalismus ist. Dass eine regulative Idee falsch gebraucht wird, widerlegt nicht den Wert dieser Idee. Dennoch werden von der Identitätspolitik die historischen Fehler dazu verwendet, um die universelle Idee der Gleichheit zu einer parteilichen Doktrin weißer Menschen zu machen. Damit überschreitet ihre Kritik eine Grenze, die andere Interessensvertretungen respektieren. Identitätspolitik will die Idee des Universalismus abschaffen, indem sie sie auf eine Identitätspolitik weißer Menschen reduziert. Es handelt sich also um einen Angriff auf das Fundament der gleichen Gesellschaft.

Die Folgen eines solchen Angriffs scheinen die Vertreter der Identitätspolitik zu unterschätzen. Denn auf welcher Grundlage sollen fürderhin die Ansprüche der Minderheiten formuliert werden, wenn es keine Einigung darüber gibt, dass für alle die gleichen Rechte gelten sollen? Wenn jede Interessensvertretung ihre eigenen Maßstäbe für eine gute Gesellschaft beansprucht, entsteht ein Konflikt, der auf zwei Ebenen zugleich stattfindet. Denn dann wird nicht nur über den jeweiligen Interessengegensatz verhandelt, sondern es wird auch darüber gestritten, welche Interessen überhaupt berechtigt sind, um zum Gegenstand der Verhandlung zu werden.

Diese Metadebatte bestimmt das Kommunikationsverhalten in den sozialen Netzwerken. Hier wird ebenso oft die Sprechberechtigung der anderen Meinungen infrage gestellt, wie darauf verwiesen wird, welche Gruppe noch nicht genug gehört worden ist. Der Streit darüber, wer gehört werden soll und wer nicht gehört werden darf, ist eines der Folgeprobleme der identitätspolitischen Methode. Dass er so unerbittlich geführt wird, zeigt, wie weit die Erosion der Gleichheit bereits fortgeschritten ist.

Die gefährliche Folge des Angriffs auf den Universalismus besteht also darin, dass die Gültigkeit des Universalismus bereits im Moment der Infragestellung zerstört ist. Indem die Möglichkeit des empathischen Verstehens abgelehnt wird, reißt ein unüberbrückbarer Graben zwischen den Menschen auf. Wenn niemand mehr den anderen verstehen darf, weil er eine andere Identität hat, wird aus jeder Identität eine Insel. Mitgefühl gibt es dann nur noch für die eigene Community. Und indem der Universalismus als parteiliche Meinung bewertet wird, wird jede Verteidigung des Universalismus zu einer parteilichen Argumentation. Gleiche Regeln gelten dann nur noch, wenn sie den eigenen Interessen dienen.

Die regulative Idee des Universalismus ist eine zerbrechliche Erfindung. Sie verlangt von jedem Menschen ein hohes Maß an Demut, die eigenen Bedürfnisse nicht zum Maßstab für alle anderen machen zu wollen. Und sie setzt voraus, dass alle ein hermeneutisches Wohlwollen praktizieren. Das meint, dass jeder versucht zu verstehen, was der andere gemeint haben könnte. Sowohl Demut wie Wohlwollen sind in einer identitätspolitisch erhitzten Öffentlichkeit ein rares Gut. Stattdessen herrschen der Verdacht und die Verurteilung. Die Identität des Sprechenden entscheidet wieder wie zu feudalen Zeiten darüber, welchen Wert eine Aussage hat. Und der Grad der Empörung wird zur Waffe, mit der partikulare Forderungen durchgesetzt werden. Ist das öffentliche Klima durch die identitätspolitischen Hierarchisierungen vergiftet, fällt es den Vertretern des Universalismus immer schwerer, die zivilisatorischen Errungenschaften der Empathie und des zwanglosen Zwangs des besseren Arguments hochzuhalten. Stattdessen schreitet die Regression von einer aufgeklärten Gesellschaft zu einer archaischen Gemeinschaft immer weiter fort. Ein Gradmesser für die Regression ist, wie auf das bessere Argument reagiert wird. Eine identitätspolitisch agierende Öffentlichkeit antwortet auf ein wirkmächtiges Argument, das der eigenen Agenda widerspricht, immer leichtfertiger mit der Diffamierung der Person.

Die Vergiftungen der Kommunikation sind in manchen Milieus bereits so alltäglich, dass die gerade modischen Diffamierungen ohne jede Erklärung geglaubt werden. So führen die »alten weißen Männer« seit einigen Jahren die Liste der Identitäten an, deren Aussagen keinen Wert mehr haben. Die Ungenauigkeit der abwertenden Zuschreibung ermöglicht es, damit jedes Argument auszuschließen, das der eigenen Meinung widerspricht. Damit ist eine maximale Reduktion von Komplexität erreicht. Denn wer über die Entscheidung verfügt, eine Meinung mit dem Identitätsmarker »alter weißer Mann« zu versehen, hat die Macht über die Gültigkeit der Argumente. Die Sortierung der Argumente nach Identitätskriterien ist ein Rückfall in die Machttechniken der Vormoderne. Mit ebendieser Hierarchisierung wurden über Jahrtausende Frauen, Ungläubige und fremde Menschen aus der Öffentlichkeit ferngehalten. Es ist darum rätselhaft, warum eine Widerauflage dieser Selektion einen Fortschritt darstellen soll. Ein Argument, das von den woken Aktivisten vorgebracht wird, lautet: Es sei lehrreich, wenn die einst mächtigen »alten weißen Männer« nun auch die Erfahrung machen, dass sie einer abgewerteten Identität angehören. Das Argument kommt aus der schwarzen Pädagogik und ist damit Teil der gesellschaftlichen Regression. Warum

Aktivisten, die sich für fortschrittlich halten, sich hier anschließen, bleibt wiederum rätselhaft.

Der partikulare Angriff auf den Universalismus ist folgenreich, weil er in zwei Richtungen zugleich wirkt. Zum einen ist die Gültigkeit des Universalismus bereits dadurch geschwächt, dass behauptet wird, er sei auch nur ein Partikularismus. Und zum anderen wird das Fundament der Gleichheit zerstört, wenn das gegenseitige Verstehen eingeschränkt wird. Wie soll überhaupt Gleichheit zwischen verschiedenen Ansprüchen hergestellt werden können, wenn sich die Behauptung durchsetzt, dass niemand die Lage des anderen verstehen kann?

Die Strategien des Antiuniversalismus führen vordergründig zu schnellen Erfolgen, weil sie rasch zu einer Erosion des Glaubens an den Universalismus führen und die neuen Regeln durchsetzen: Der Universalismus soll das Vorurteil der alten weißen Männer sein, und den Opfern muss immer geglaubt werden, weil ihre Erfahrungen einzigartig sind. Doch damit sägt der Partikularismus an dem Ast, auf dem seine Forderungen nach Anerkennung sitzen. Vor den Folgen eines solchen Zerfalls in verfeindete Gesellschaftsgruppen warnt Jürgen Habermas eindringlich. Denn an welche Instanz wollen sich die Forderungen wenden, wenn es keine universelle Instanz mehr gibt, sondern die Gesellschaft nur noch aus Gruppen besteht, die ihre eigenen Interessen verfolgen?[18]

6. Die doppelten Standards der Identitätspolitik

Was der Universalismus überwinden wollte, feiert heute seine Wiederauferstehung: die doppelten Standards. Für das gute Wir gelten wieder andere Regeln als für die vielen anderen. Der große Zulauf, den die doppelten Standards bekommen, lässt sich zum Teil mit dem gesellschaftlichen Zerfall in immer kleinere Interessengruppen erklären. Da die regulative Idee der Gleichheit für alle eine permanente Überforderung bedeutet, wirkt der Rückfall in die doppelten Standards wie eine Befreiung. Übersetzt in konkrete politische Forderungen lauten die doppelten Standards der Identitätspolitik: Nicht mehr das Argument entscheidet über den Wahrheitsgehalt und die Relevanz des Gesagten, sondern die Identität der Sprecherposition. Und für die verschiedenen Identitäten sollen unterschiedliche Regeln gelten.[19] So soll die Aufmerksamkeit neu zwischen den Akteuren in der Öffentlichkeit verteilt werden. Und für die Verteilung von Ressourcen in der Bildung oder auf dem Arbeitsmarkt sollen Quoten für Identitätsgruppen eingeführt werden.

Das Argument für die doppelten Standards lautet, dass langwährende Benachteiligungen durch aktive

Besserstellungen partikularer Gruppierungen ausgeglichen werden müssen. Diesem Argument wäre zuzustimmen, wenn es sich tatsächlich um konkrete Fördermaßnahmen handeln würde, die nicht das Fundament der Gleichheit infrage stellen. Doch das Problem, dass sich in Gesellschaften abzeichnet, die mit identitätspolitisch agierenden Interessengruppen zu tun haben, besteht darin, dass die Wiedereinführung von doppelten Standards zu negativen Effekten führt.

Die Treiber für diese negativen Entwicklungen liegen darin, dass im Kern der identitätspolitischen Methode eine paradoxe Anweisung liegt. Wenn die Ursprungsparadoxie des strategischen Essentialismus aus dem Kampf einer postkolonialen Gesellschaft in eine ausdifferenzierte Gesellschaft übertragen wird, folgen daraus zahlreiche Anschlussprobleme. Das entscheidende Problem entsteht daraus, dass eine postkoloniale Gesellschaft den einen Gegner »Kolonialmacht« kennt, von dem sie sich sowohl militärisch als auch mental befreien will, während es in einer ausdifferenzierten Gesellschaft den einen Gegner nicht gibt, da viele Bruchlinien die Kämpfe um Anerkennung durchziehen. Wird der strategische Essentialismus hier eingesetzt, muss er seine Eindeutigkeit in einer Realität durchsetzen, in der es vielfältige Differenzen gibt. Die Pluralität der Identitäten führt zu einer Überaffirmation der eigenen Identität. Das Empowerment dient nicht nur der Selbstermächtigung, sondern es muss vor allem eine erkennbare Differenz zwischen partikularer Identität und Mehrheitsgesellschaft hervorbringen. Aus dieser Überbetonung folgt, dass die eigene Identität nicht mehr kritisiert werden darf. Kritik, die von außen kommt, wird als Angriff bewertet, und Kritik, die von innen kommt, wird als Schwächung der Kampfkraft diffamiert. Wie der Nationalismus lehnt auch die partikulare Identitätspolitik jede Selbstkritik ab. So verfestigt sich der strategische Essentialismus immer weiter zu einer eigentlichen Identität, die sich jede Einmischung verbittet.

In der Vielfalt, die manche als multikulturelle Gesellschaft begrüßen und andere als chaotische Anomie ablehnen, führt die paradoxe Forderung einer gewählten und zugleich unhintergehbaren Identität also nicht nur zu einer Verhärtung des Konflikts, sondern sie provoziert auch eine permanente Neukonstruktion von Identitäten. Die Inanspruchnahme einer besonderen Identität verspricht in individualisierten Gesellschaften Erfolg, und zugleich sind die Hindernisse für den Selbstentwurf gering. Darum trifft hierzulande die Anweisung zum strategischen Essentialismus nicht nur auf offene Ohren, sondern sie entspricht dem neoliberalen Regime der Selbstoptimierung. Die negative Folge besteht in der unentwegten Zunahme neuer Identitäten, die jede für sich einen unbedingten Anspruch an das Gesamt der Gesellschaft stellen. Die paradoxe Methode führt also dazu, dass die Ausdifferenzierung sich beschleunigt und dass sich zugleich die individualisierte Anspruchshaltung radikalisiert, weil sie das Gesamt beherrschen will. Jeder will sein eigenes Zentrum sein, das das Leben aller anderen bestimmen darf. Und zugleich gelten alle anderen als eine bedrohliche Mehrheit, die den partikularen Interessen im Wege steht.

Insofern kann man beobachten, wie die Paradoxien zu einer Selbstradikalisierung der identitätspolitischen Methode führen. Das grundlegende Problem entsteht aus der paradoxen Anweisung selbst. Denn entweder gibt es eine Essenz, die ihrem Wesen nach jenseits der menschlichen Entscheidungen begründet ist. Oder es gibt eine Konstruktion, die von Menschen gemacht wird und als solche kontingent ist. Der strategische Essentialismus verbindet nun eine kontingente Entscheidung (strategisch) mit einem Wesensmerkmal, das sich gerade dieser Kontingenz entzieht (der Essenz). Aus dieser Konstruktion folgt zwangsläufig eine paradoxe Anweisung: Eine Besonderheit soll absolute Gültigkeit haben, und zugleich soll diese Besonderheit nur eine Behauptung sein. Wenn die Behauptung der eigenen Besonderheit aber zu Vorteilen führt, entwickelt sich zwangsläufig eine Zunahme von immer neuen Identitäten, die jede für sich in der paradoxen Erwartung leben, zugleich absolut gültig und frei gewählt zu sein.

In dieser Erwartung entfaltet sich die Verbindung von postmodernem Denken und archaischem Politikverständnis zu einer neuen Form von politischer Kommunikation. Der strategische Essentialismus will an die unbedingte Macht des eigentlichen Essentialismus anschließen und ihn zugleich für seine Absichten verändern. Er will eine besondere Identität hervorbringen, die einen Unterschied zu allen anderen macht, und zugleich soll dieser Unterschied kontingent und darum selbstgewählt sein. Der strategische Essentialismus will eine ambivalente Wahrheit erschaffen, in der mal die eine und mal die andere Existenzweise gilt.

Wer dann die Macht über die Entscheidung hat, welche der beiden Möglichkeiten gerade gültig ist, der hat die Macht über die politische Kommunikation.

Wenn schwarze Menschen sich selbst als »Schwarz« bezeichnen, so erwarten sie daraufhin eine besondere Anerkennung oder sogar besondere Rechte. Weißen Menschen ist es hingegen bei Strafe des Rassismus-Vorwurfs verboten, Menschen aufgrund ihrer Hautfarbe besondere Regeln zuzuteilen. Die paradoxe Anweisung lautet: Nimm mich in meiner Besonderheit wahr, aber zeige mir zugleich, dass meine Besonderheit für dich keinen Unterschied bedeutet!

Die doppelten Standards führen also nicht nur dazu, dass für verschiedene Identitäten unterschiedliche Regeln gelten sollen, sondern sie werden auf die Identitätskonstruktionen selber angewendet. Manche Identitäten, wie die der weißen Menschen sollen immer gleich sein, die Identität von schwarzen Menschen soll hingegen mal die Hautfarbe berücksichtigen und mal ein Konzept sein. Werden die doppelten Standards in einer so verwirrenden Weise angewendet und wird die Befolgung ihrer paradoxen Anweisungen so penibel überwacht, breitet sich Unsicherheit aus, welche Regel gerade gültig ist. Soll eine Frau sich freuen, wenn sie aufgrund einer Quotierung eine Arbeit bekommen hat, oder soll sie traurig sein, weil sie nur aufgrund einer Quotierung eine Arbeit bekommen hat? Bezieht sich die Bezeichnung »People of Color« auf die Hautfarbe, oder ist damit ein Konzept gemeint? Gilt Letzteres, dann könnten sich auch Menschen mit weißer Haut als People of Color bezeichnen, um beispielsweise von einer Quote zu profitieren. Da das verhindert werden soll, gilt in diesem Fall doch die Hautfarbe, die in einem anderen Kontext aber gerade nicht gilt, weil sie dann ein Merkmal des Rassismus wäre. Und warum ist es erlaubt, dass sich Menschen mit dunkler Haut hellhäutiger machen, und warum ist es verboten, dass Hellhäutige sich dunkelhäutiger machen?[20]

Doppelte Standards, die auf paradoxen Regeln beruhen, führen zu unlösbaren Widersprüchen. Die identitätspolitische Antwort auf dieses Chaos an Regeln besteht darin, immer neue Unterscheidungen einzuführen, mit denen die Macht, wie die bisherigen Paradoxien aufgelöst werden können, erhalten werden soll. Einige dieser Unterscheidungen lohnen eine nähere Betrachtung, um ihre regressive Tendenz besser zu verstehen.

7. Kipp-Punkte der Identitätspolitik

Opfermanagement

Eine der wesentlichen Quellen der identitätspolitischen Ansprüche besteht in dem expressiven Umgang mit den eigenen Kränkungen. Identitätspolitik nutzt die Gefühle der gekränkten Würde und produziert sie durch den strategischen Essentialismus immer neu.[21] Kein Gefühl ist alltäglicher als das der Kränkung. Darum findet eine Politik, die die Kränkung zum Ausgangspunkt macht und zugleich immer neue Kränkungen feststellt, ein unerschöpfliches Reservoir an Empörung. Doch eine politische Rhetorik, die Menschen in die Position des Opfers bringt, das von bösen Mächten gedemütigt wird und dessen Stunde des Aufbegehrens nahe rückt, hat im 20. Jahrhundert als Faschismus gewütet. Eine Politik, die Menschen als Opfer adressiert und deren Ressentiment zum Treiber der Revolte macht, muss als eine gefährliche Form der Politik beurteilt werden. Die paradoxe Anweisung der Identitätspolitik produziert zwangsläufig neue Identitäten, die immer neue Forderungen nach Anerkennung stellen. Zugleich sind diese Ansprüche immer schwieriger zu erfüllen, da die paradoxe Konstruktion der Identitäten vermischte Signale an die Gesellschaft sendet: Ich bin besonders und erwarte besondere Rücksichtnahme. Du darfst mich aber auf keinen Fall als Besonderheit behandeln, denn das wäre diskriminierend.

Die Tendenz zur Radikalisierung resultiert daraus, dass zum einen die gekränkte Würde ein unendliches Reservoir an wütenden Reaktionen bereithält und dass zum anderen die Produktion von besonderen Identitäten zu immer feineren Unterscheidungen führt, die zwangsläufig neue Kränkungen bereithalten. Die länger werdende Liste der Buchstaben LGBTQ+ ist ein ebenso anschauliches Beispiel für die Identitätsinflation wie die inzwischen 60 verschiedenen Geschlechter, zwischen denen auf Facebook gewählt werden kann. Richtet sich der Blick auf die eigene Besonderheit, so finden sich immer neue Merkmale, die zu einer besonderen Identität zu berechtigen scheinen. Und wird die Sensibilität durch die paradoxe Anweisung geschult, dass der andere es im Angesicht der eigenen Besonderheit niemals richtig machen kann, explodieren die Kränkungserlebnisse.

Im Phänomen des Sensibilitätsparadoxes ist diese Entwicklung gut sichtbar. Gemeint ist damit, wie eine Zunahme an Sensibilität für alle Fragen der Gleichheit dazu führt, dass immer mehr Ungleichheiten bemerkt werden. Die Gesellschaft wird auf der faktischen Ebene immer egalitärer und zugleich wächst die Empörungsbereitschaft über die noch verbliebenen Ungleichheiten. Da heute mehr Fälle von Rassismus öffentlich beklagt werden, entsteht der Eindruck, dass

Deutschland im Jahre 2023 rassistischer sein soll als in den 1950er Jahren. Das Paradox besteht also darin, dass die Sensibilität, die zur Gleichheit führen soll, mehr Ungleichheiten bemerkt, je weniger Diskriminierung vorkommt.

Die regressive Tendenz einer Politik, die die Opferposition zum Motor des Handelns macht, besteht also darin, dass sie mit einer Emotion hantiert, die leicht zu erregen, aber sehr schwer einzudämmen ist. Dem Opfer wird in den doppelten Standards eine herausragende Rolle zugesprochen: Seiner Aussage muss unter allen Umständen geglaubt werden, und seine Handlungen dürfen von niemandem mehr kritisiert werden. Das Opfer ist unantastbar. Schuld an seiner Lage sind *die* anderen, *die* Strukturen und *die* Gesellschaft. Verantwortlich für seine Lage ist es niemals selbst. Seine Gefühle des Gekränktseins sind die Legitimation, Forderungen zu stellen und Vorwürfe zu machen. Gegenreaktionen sind verboten, da sie die Gefühle des Opfers beleidigen würden. In einer letzten Steigerung wird sogar der Hass der Opfer zu einer schützenswerten Eigenschaft und die Gewalt wird zu einem Hilferuf umgedeutet. Eine so abgesicherte Opferposition ist die neue Macht, und es ist verständlich, dass die Opferposition begehrt ist. So häufen sich die Fälle, in denen Menschen, die keiner anerkannten Opferidentität angehören, danach streben, auch ein Opfer zu sein.

Im Herbst 2021 wurde durch einen Text von Maxim Biller bekannt, dass der »jüdische Intellektuelle« Max Czollek kein Jude ist.[22] Daraufhin entbrannte ein Streit über die Frage, wer sich die jüdische Identität aneignen darf und wer nicht. Die Positionen verliefen entlang des Identitäts-Paradoxes. Die eine Seite verwies darauf, dass die jüdische Identität durch das Religionsgesetz der Halacha eindeutig geregelt ist. Jude ist, wer eine jüdische Mutter hat. Da Max Czollek keine jüdischen Eltern hat, sondern einen jüdischen Großvater, ist es eindeutig, dass er kein Jude ist.[23]

Die Gegenposition verweigert diese eindeutige Zuordnung und reklamiert, dass auch eine jüdische Lebensweise und biografische Nähe zum Judentum eine jüdische Identität hervorbringen können. Jude zu sein, soll also dem identitätspolitischen Paradox folgen und mal eindeutig festgelegt sein (Halacha) und mal die Folge einer Entscheidung sein. Der Streit darüber wird hart geführt, so verweisen die Vertreter, die Max Czollek seine jüdische Identität absprechen, darauf, dass er sich hierdurch unberechtigte Vorteile erwirkt hätte.

Ein symmetrischer Fall besteht in dem Vorwurf des »Blackfishing«. Hiermit ist gemeint, dass eine hellhäutige Person ihre Hautfarbe dunkler macht, um in urbanen Milieus dadurch einen Vorteil zu genießen.[24] Auch hier stehen sich die Positionen gegenüber, die das Blackfishing als Möglichkeit einer freien Lebensentfaltung bewerten, und der Gegenseite, die die Privilegien, die mit der dunklen Haut in manchen Zusammenhängen einhergehen, ungerne teilen möchten. Gemeinsam ist beiden Problemen, dass die Opferposition so viele Vorteile verspricht, dass sie begehrt wird, und darum von denjenigen, die sie essentialistisch besetzen, gegen diese Übernahmen verteidigt wird. Diese Konflikte sind also ein Folgeproblem der paradoxen Identitätskonstruktionen und der Unangreifbarkeit der Opferposition.

Magische Sprache

Das magische Sprachverständnis zeichnet sich dadurch aus, dass ein Wort eine Wirkung haben soll unabhängig davon, in welchem Kontext es gesagt wird und ob es verstanden wird. Auf diesem Glauben basieren Flüche, Gotteslästerungen oder Zaubersprüche. Ein magisches Sprachverständnis schreibt bestimmten Worten eine unhintergehbar performative Wirkung zu. Wenn sie gesagt werden, haben sie zwangsläufig eine Folge. Es wird kein Unterschied gemacht zwischen dem eigentlichen Gebrauch eines Wortes und den vielen Spielarten des uneigentlichen Sprechens wie etwa der Ironie, dem Zitat oder der Rollensprache in einem Drama. In aufgeklärten Gesellschaften kennt man diese unterschiedslose Tabuisierung nur noch bei politischen Zeichen wie etwa dem Hakenkreuz oder in der Religion, wo die Gläubigen den Namen ihres Gottes nicht aussprechen dürfen.

Die Worte unterschiedslos mit einer magischen Wirkung zu versehen, ist ein Kennzeichen vormodernen Denkens. Der türkische Präsident Recep Tayyip Erdogan hat sich in einem Interview offensiv dazu bekannt. Seine Antwort auf die Frage, warum so viele Journalisten inhaftiert würden, bringt den totalitären Charakter des sprachmagischen Denkens auf den Punkt: »Meines Erachtens ist er [der Journalist, der einen Terroristen interviewt] einer, der den Terroristen unterstützt, weil er weiß, dass diese Person ein Terrorist ist. Wenn Sie die Gedanken eines Terroristen in Ihrer Publikation abdrucken, was ist das dann? Das ist die Veröffentlichung des Terrorismus selbst.«[25]

Mit derselben Logik wurde ein Redakteur der *New York Times* entlassen, weil er bei einer Studienreise das »N-Wort« innerhalb eines Zitats verwendet hatte.[26] Dass das Wort in einem Zitat gerahmt war, ändert für das sprachmagische Denken nichts an der Tatsache, dass es wieder ausgesprochen worden ist. Im totalitären Sprachverständnis hat ein Wort unabhängig von seinem Kontext immer den gleichen Wert, es ist also kein Zeichen, dessen Kontext über seine Bezeichnung und Performativität entscheidet, sondern es ist ein magisches Objekt.

Dieses regressive Sprachverständnis hat für die Kommunikation weitreichende Folgen. Die Künste des Theaters waren aufgrund des sprachmagischen Denkens in ihrer 2500-jährigen Geschichte die längste Zeit von Zensurvorschriften geknebelt. Erst im 20. Jahrhundert und in Deutschland erst nach 1945 kann man die darstellende Kunst als frei bezeichnen. Leider scheint diese gerade errungene Freiheit für die Theatermacher selbst immer weniger Bedeutung zu haben, denn sie erweisen sich als gelehrige Schüler der identitätspolitischen Methoden. In weiten Teilen der Theaterszene gehören das sprachmagische Denken und die doppelten Standards inzwischen zum festen Glaubenskanon. Wer ihm widerspricht, muss damit rechnen, dass es für ihn keine weitere Verwendung mehr gibt. So sind in dem kleinen Gesellschaftsausschnitt »Theater« die konkreten Folgen der kulturellen Regression eindringlich zu beobachten.

Der Furor der identitätspolitisch bewegten Künstler wickelt die mühsam erkämpften Freiheiten des Theaters und des Films rasch ab. Überflüssig scheinen die Errungenschaften, dass eine Trennung zwischen Rolle und Schauspielkünstlern gemacht wird und dass Frauen Schauspielerinnen sein dürfen, ohne in die Nähe von Prostituierten gerückt zu werden. Noch Ende des 19. Jahrhunderts fand sich nur schwer eine Schauspielerin, die die Rolle der Nora in Ibsens gleichnamigem Drama spielen wollte. Denn jede Schauspielerin musste um ihren Ruf fürchten, wenn sie eine solche »emanzipierte« Frau spielte.

Die woken Theatermacher wollen die neuen Freiheiten rückabwickeln. Das identitätspolitische Dogma lautet, dass die Sprecherposition über den Wahrheitsgehalt der Aussage entscheidet. Wird dieses Dogma auf die darstellende Kunst übertragen, folgt daraus, dass es eine unlösbare Verbindung zwischen der privaten Identität des Schauspielers und seiner Rolle geben soll. Damit werden die grundlegenden Freiheiten des Theaters infrage gestellt: Eine Rolle wird nicht mehr gespielt, sondern man »ist« die Figur; und die Qualität ihrer Darstellung ist keine künstlerische Leistung mehr, sondern die Verkörperung der eigenen zur Rolle passenden Identität. Ab jetzt soll die Identität des Schauspielers darüber entscheiden, ob eine Figur gespielt werden darf oder nicht. Die gerade erst überwundene Gängelung der Kunst scheint vergessen und es werden immer neue Regeln erlassen, um die Besetzung von Rollen aufgrund der Identität der Schauspieler zu bestimmen.[27]

Die treibenden Kräfte dieser regressiven Entwicklung leugnen nicht nur, dass sie die Freiheit der Kunst abwickeln, sondern sie fühlen sich vom Rückenwind des Fortschritts angetrieben. Ihr Argument lautet ganz im Sinne der Identitätspolitik, dass die Freiheit der Kunst nur eine partikulare Freiheit für eine Minderheit gewesen sei und dass es diese Neuordnung brauche, um eine Gleichheit herzustellen. Doch die konkreten Folgen für die Kunstfreiheit sind eklatant, da die zentralen Unterscheidungen, die die Kunst in der Moderne auszeichnen, rückgängig gemacht werden: Werk und Urheber sowie Inhalt und Form werden wieder in eins gesetzt. Die Unterscheidung zwischen dem Darstellenden (Urheber) und seiner Darstellung (Werk) wird negiert. Außerdem wird kein Unterschied mehr gemacht zwischen dem, was ein Werk sagt (Inhalt), und wie es dort gezeigt wird (Form).

Wenn eine Figur das N-Wort ausspricht, weil sie ein Nazi ist, und dieses Wort aber nicht mehr aussprechen darf, wird die Unterscheidung zwischen Rollensprache und alltäglicher Sprache ignoriert, da das böse Wort unter keinen Umständen reproduziert werden darf. Die Folge ist, dass auch die Figur eines Nazis auf der Bühne nicht mehr wie ein Nazi sprechen darf. Die Begründung lautet, dass dem Bösen keine Bühne geboten werden dürfe, und basiert auf der Erdogan-Prämisse, dass auch die Darstellung des Bösen selbst als böse gilt.[28] Dieser Logik folgend, mehren sich die Fälle, in denen Kunstwerke nicht mehr gezeigt werden dürfen, Rollen nicht mehr gespielt und Bücher nicht mehr veröffentlicht werden dürfen, weil ihre Urheber die »falsche« Identität haben.

Parallel zu diesem Rückfall in eine identitär organisierte Kunst vollzieht sich der Umbau der alltäglichen Sprache. Das generische Maskulinum, mit dem alle Geschlechter gemeint sind, soll durch eine geschlechtergerechte Sprache ersetzt werden. Ziel dieser Sprachveränderung ist es, den Universalismus des generischen Maskulinums zu einer partikularen Identitätsmarkierung zu reduzieren. Es soll nicht mehr alle Geschlechter umfassen, sondern nur noch das männliche. Die Versuche, einen Ersatz für die bisher gebräuchliche neutrale Bezeichnung zu erfinden, sind zahlreich und zeigen, dass ein solches Unterfangen mehr Probleme schafft, als es lösen kann. Der Gendergap, bei dem zwischen dem Wortstamm und der Genusendung eine Pause gemacht wird, soll beispielsweise alle nichtbinären Geschlechter bezeichnen. Wenn dieser Gap aber bei definierten Gruppen angewendet wird, in denen es keine nonbinären Personen gibt, ist er faktisch falsch. Die Anwendung dieser Differenzierung verlangt also, dass der Sprechende über die geschlechtliche Zusammensetzung jeder Gruppe informiert ist, da seine geschlechtermarkierende Sprache eine Auskunft darüber gibt.

Wer also von »Ministerpräsident*innen« spricht, wie es beispielsweise für einige Zeit im heute-journal üblich war, macht eine falsche Aussage. Es gibt keine nonbinären Personen in dieser Gruppe. Ebenso ist es fraglich, ob die islamistischen Kämpfer*innen der Taliban damit richtig bezeichnet sind. Des Weiteren stellt sich die Frage, warum bei jeder Gruppenbezeichnung eine Aussage über die sexuelle Beschaffenheit der Mitglieder gemacht werden muss. Und schließlich entstehen zahlreiche Folgeprobleme. Wie ist es beispielsweise mit den Worten, die ein generisches Femininum haben wie die Geisel oder die Führungskraft? Sind damit ab jetzt immer nur Frauen gemeint? Und wie will man hier eine männliche Endung anhängen?

Die neuen Bezeichnungen wollen sich für alle Facetten des Lebens öffnen, in der Praxis verengen sie aber den Verstehenshorizont, da sie nun konkrete geschlechtliche Zuordnungen vornehmen. So wird die Aufmerksamkeit auf einen Sachverhalt gelenkt, der nur selten das Thema der Mitteilung ist. Die möglichst umfassende Bezeichnung bekommt einen Nebenklang, der mit der intendierten Information nichts zu tun hat. Ihr Inhalt entspricht nicht immer den Tatsachen. Eine solche Sprachverwendung kann darum als problematisch beurteilt werden.

Diese Versuche könnte man als notwendige Irrtümer auf der Suche nach einer emanzipatorischen Entwicklung der Sprache begreifen. Die Gutwilligkeit, die es dafür auf allen Seiten braucht, wird jedoch durch eine weitere Eigenart der identitätspolitischen Methode verhindert. Denn die Versuche werden mit einem Eifer der Belehrung vorgetragen, so dass jede Gendergap-Pause zu einem moralischen Signal wird. Wer die Sternchen-Pause macht, will als besserer Mensch erscheinen, wer die Pause nicht macht, soll als rückständiger Zeitgenosse gelten. Zugleich provozieren die immer neuen Regeln bei den folgsamen und bei den weniger folgsamen Mitmenschen zuverlässig immer neue Fehler. Und diese Sprech-Fehler werden dann gemäß der Empörungslogik der Identitätspolitik zu veritablen Skandalen erklärt. Auch hier mangelt es an hermeneutischem Wohlwollen, das es aber braucht, wenn Sprache sich entwickeln soll.

Stattdessen wird die Liste der bösen Worte, die niemand mehr sagen darf, immer länger, und die Strafen für Sprech-Sünder werden immer drastischer. Der rassistische Ausdruck »N…« ist inzwischen zum Triggerwort für immer neue erbitterte Kämpfe geworden. Inzwischen darf das Wort weder im direkten noch im indirekten Gebrauch verwendet werden, es darf aber auch nicht mehr in einem Zitat oder als Rollensprache einer Theaterfigur ausgesprochen werden. In den USA darf das Wort inzwischen auch nicht mehr in seiner korrigierten Form als »N-word« verwendet werden[29] und es kann sogar zum Skandal taugen, wenn ein Dozent in einer Vorlesung einen chinesischen Ausdruck verwendet, der so ähnlich wie »Negroe« klingt.[30]

Die dunkle Macht der Intimkommunikation

Die Identität des Opfers ist dadurch definiert, dass es nicht handelt, sondern dass es ein fremdes Handeln erleidet. Von diesem Erleiden kann es berichten, woraus eine besondere Glaubwürdigkeit resultiert. In der alltäglichen Kommunikation ist ein solches Verhalten bekannt und wird als Intimkommunikation beschrieben.[31] Das Verhältnis zwischen dem Erleben des einen, das zur Handlungsaufforderung für einen anderen wird, zeichnet die Intimkommunikation aus. Dabei muss es sich beim Erleben nicht um ein besonders bedrohliches Ereignis handeln, sondern es reicht, dass ein alltägliches Erleben zu einem Ereignis in der Kommunikation wird.

In der konkreten Situation ist damit gemeint, dass die eine Person ihr Erleben mitteilt und die Mitteilung bei einer anderen Person zu einer empathischen Reaktion führt. Wenn der eine fröstelt, wird der andere fragen, ob er das Fenster schließen solle. Das Besondere an dieser Kommunikation ist, dass der Erlebende keine Handlung vollzieht. Das Frösteln ist kein Handeln, sondern ein Erleben. In der kommunikativen Situation kann dieses Erleben aber zu einer Handlung werden, wenn der andere darauf reagiert, als wäre es eine Mitteilungshandlung gewesen. Wenn das Frösteln zur besorgten Nachfrage führt, wird aus dem anfänglichen Erleben eine Aufforderung, sich nach dem Wohlbefinden zu erkundigen.

Intimkommunikation kann Anlass für vielfältige Konflikte bieten. Sowohl der Erlebende wie der Reagierende können ihr Tun unterschiedlich bewerten. Das Frösteln kann nur ein unwillkürliches Zucken des Körpers gewesen sein, und der Fröstelnde kann sich dann übermäßig umsorgt fühlen, wenn der andere das Zucken als Aufforderung zu einer besorgten Rückfrage verstanden hat. Umgekehrt kann das Frösteln als Zeichen gemeint sein, und der Frierende wäre gekränkt, wenn der andere darauf nicht reagiert. Das Besondere an dieser Art der Kommunikation ist also, dass sie sich an einem Ereignis entzündet, das ambivalent ist. Das Erleben des einen kann ein unabsichtliches körperliches Verhalten sein, es kann aber auch als Zeichen gemeint sein, das auf eine Antwort wartet. Und auf der anderen Seite kann ein unwillkürliches Frösteln als demonstratives Zeichen verstanden werden, das eine folgsame Handlung erwartet, und umgekehrt kann ein demonstratives Frösteln übersehen werden, da es nur als absichtsloses Zucken verstanden wird. Da immer beide Möglichkeiten vorhanden sind, kann die Kommunikation auf verschiedene Weisen scheitern. Eine häufige Art des Scheiterns besteht darin, dass der andere auf die Intimkommunikation mit einem Widerstand reagiert: Warum kann derjenige, der friert, nicht einfach darum bitten, das Fenster zu schließen?

Die besondere Eigenart der Intimkommunikation liegt darin, dass sie ein Machtgefüge etabliert, ohne dass sie wie Machtkommunikation auftritt. Erkennbare Machtkommunikation besteht immer dann, wenn die eine Seite das Verstehen und die Reaktionsmöglichkeiten der anderen Seite einschränken will. Vor Gericht sind beispielsweise nur Aussagen im Regelwerk der Rechtsprechung erlaubt. Wer sich nicht daran hält und etwa die Verhandlung stört oder als Zeuge lügt, muss mit Strafen rechnen. Die einfachste Form der Machtkommunikation ist die rote Ampel. Sie reduziert die Wahl auf genau eine Möglichkeit.

Die Macht der Intimkommunikation ist ungleich komplizierter. Dadurch, dass das Erleben des einen für den anderen unentscheidbar zwischen Handlung und Nichthandlung liegt, ist der Erlebende in der mächtigeren Position. Er allein kann darüber entscheiden, ob der andere richtig reagiert hat oder nicht. Der wesentliche Aspekt besteht also darin, dass der Erlebende keine Verantwortung dafür übernimmt, wie die Kommunikation verläuft, aber die Macht behält, sie jederzeit bewerten zu können. Er kann sich frei entscheiden, das anfängliche Schaudern als unwillkürlichen Reflex darzustellen, der »nichts zu bedeuten hat«, oder er kann seine Enttäuschung darüber äußern, dass der andere nicht sensibel genug reagiert hat. In beiden Fällen ist der Erlebende unschuldig, da er nur erlebt und darum nicht gehandelt hat. Und in beiden Fällen liegt die Verantwortung für die richtige Reaktion beim anderen, der aber niemals entscheiden darf, ob er richtig lag oder nicht.

Das identitätspolitische Dogma, dass dem Opfer immer geglaubt werden muss, ist also eine besondere Engführung der Regel der Intimkommunikation auf nur eine Reaktionsmöglichkeit. Die Ambivalenz, wie das Erleben zu interpretieren ist, wird auf einen Glaubensakt reduziert. So wird aus der offenen Situation der intimen Kommunikation die geschlossene Form einer Machtkommunikation. Die Opferidentität, die von der Identitätspolitik geformt wird, verbindet die Eigenschaft des Erlebenden, der nicht handelt, mit der Machtstellung des identitätspolitischen Opfers, die darin besteht, dass sein Erleben die Wahrheit für den anderen ist. Damit diese neue Opferkommunikation auch jenseits des Privaten funktioniert, muss die öffentliche Kommunikation zur Intimkommunikation umgebaut werden. Das führt zu den weitreichenden Konflikten, die gerade in der Öffentlichkeit zu beobachten sind und als Kulturkampf oder Cancel Culture bezeichnet werden.

Im privaten Rahmen wäre es falsch, von Cancel Culture zu sprechen, denn hier gelten die Regeln, die sich die Beteiligten selbst gegeben haben. Bei sich zu Hause kann jeder darüber entscheiden, mit welchen Themen und Mitmenschen er sich konfrontieren möchte. Soll dieser Bereich jedoch auf die Öffentlichkeit ausgeweitet werden, so handelt es sich um eine politische Handlung, bei der die privaten Gefühle des einen zum Maßstab aller anderen werden sollen. Eine solche Macht haben bisher nur feudale oder totalitäre Herrscher, die ihren subjektiven Geschmack zur allgemeinen Regel erklären können. Eine demokratische Gesellschaft verweigert ein solches Durchgriffsrecht der privaten Meinung, da Entscheidungen in demokratischen Verfahren durch die Mehrheitsmeinung getroffen werden. Identitätspolitik beansprucht aber ein solches Durchgriffsrecht, das ihre Regeln zu Regeln der Öffentlichkeit machen will.

Wird eine Öffentlichkeit nach den Regeln der Intimkommunikation umgebaut, kommt es zu Debatten über die Frage, was erlaubt sein soll und was nicht. Diese Debatten können als Cancel Culture bezeichnet werden, wenn sie bereits nach den Regeln der Intimkommunikation geführt werden. Denn dann gelten bereits im Streit über die erlaubten und verbotenen Mitteilungen die Regeln der einen Seite, die ihre privaten Regeln durchsetzen will. Die aktivistische Seite nimmt dabei eine Position ein, für die es keinen Grund gibt, auf die Argumente der anderen Seite einzugehen, da diese Seite böse ist und darum aus der

Öffentlichkeit ausgeschlossen werden muss. Aus dieser Logik folgt, dass eine Debatte, bei der beide Seiten gleichberechtig sind, ein Vergehen ist, das sie als »false Balance« bezeichnet. Damit ist gemeint, dass zwei Argumente gegeneinanderstehen, die nach Meinung der einen Seite nicht gleichberechtigt sind. Die Forderung lautet, dass dem nicht gleichberechtigten Argument kein Gehör geschenkt werden soll. Und die sicherste Verhinderung besteht darin, dass das falsche Argument nicht ausgesprochen werden darf.[32]

Der Machtanspruch, den die Cancel Culture praktiziert, besteht also darin, dass sie immer schon zu wissen behautet, was erlaubte und was unerlaubte, was richtige und was falsche Aussagen sind. Die beiden Referenzen für diese Allwissenheit sind das persönliche Empfinden und die Behauptung, die einzige richtige Antwort auf politische Widersprüche zu kennen. Damit wird sich eine Autorität angemaßt, die es in einer aufgeklärten Öffentlichkeit nicht mehr geben soll. Denn die Aufklärung hatte zum Ziel, die absoluten Wahrheiten der Kirche und des Adels kritisierbar zu machen, und die wissenschaftlichen Methoden haben die Widerlegbarkeit von Aussagen zum Wahrheitskriterium erhoben.

Die Cancel Culture erklärt die Kontingenz der modernen Öffentlichkeit zum Feind. Statt der Freiheit, dem besseren Argument zu folgen, will sie ihre doppelten Standards durchsetzen, in denen geregelt wird, welches Argument überhaupt gehört werden darf und welches verboten ist. Wird eine Debatte nach solchen Regeln geführt, steht bereits am Anfang fest, wer am Ende recht haben wird, da nur noch die teilnehmen dürfen, die der einen Seite folgen. In der woken Anwendung der Cancel Culture wird die Forderung der Opfer, dass ihnen widerspruchslos zugehört wird und nur ihr Erleben wahr ist, zur Regel für die gesamte Öffentlichkeit erklärt.

Die politische Provokation der Cancel Culture besteht also darin, dass sich einzelne Meinungen das Recht anmaßen, darüber zu entscheiden, welche Meinungen noch öffentlich werden dürfen und welche nicht. Die Urteile entstehen häufig in den Empörungswellen der sozialen Netzwerke und schwappen von da aus in andere Medien über. Wenn dann eine Institution die Forderungen der Empörten in eine juristische Handlung umsetzt, ist die Cancel Culture real geworden.[33] Wenn etwa die *New York Times* einem Redakteur kündigt, weil es zuvor eine Cancel-Aufforderung gab, hat die Institution der NYT der Empörung eine reale Macht verliehen. Ein solcher Fall hat eine negative Signalwirkung, da eine mächtige Institution, die an der Bildung der Öffentlichkeit mitwirkt, die Zwänge der Intimkommunikation übernommen hat.

Auch hier wiederholt sich also der Konflikt zwischen dem Partikularismus und dem Universalismus. Die demokratische Verantwortung, dass die partikularen Forderungen nicht zur allgemeinen Regel werden, liegt also bei den Institutionen, die sich der Empörung nicht unterwerfen dürfen. Doch diese Verantwortung wird immer öfter dem Drängen der Intimkommunikation geopfert. Die Gefahr, die von der Cancel Culture ausgeht, wächst darum mit jedem Fall, in dem die individuell entfachte Empörung zu einer institutionellen Entscheidung führt.[34]

Durch Cancel Culture entsteht eine regressive Tendenz in der öffentlichen Kommunikation. Wer anderer Meinung ist, muss nicht mehr durch ein Argument überzeugt oder widerlegt werden, sondern er wird als »Menschenfeind« gebrandmarkt, der seinen Platz in der Öffentlichkeit verloren hat. Mit dieser Vereinfachung der Debatte wird eine vormoderne Machttechnik wiederbelebt. Argumente müssen nicht mehr durch Gegenargumente nachvollziehbar widerlegt werden, sondern die Urheber von Aussagen werden als böse bezeichnet und damit ausgeschlossen.[35] Mit dieser magischen Abkürzung, die als Moralisierung bekannt ist, wird der Debattenraum so verengt, dass nur noch die Aussagen der rechten oder linken Cancel-Aktivisten erlaubt sind.

Damit beansprucht ihre Meinung bereits vor dem Meinungsaustausch die Macht, mögliche Gegenargumente mundtot zu machen, da ihre Urheber ausgeschlossen werden. Die Formulierungen, mit denen diese antipluralistische Forderung begrundet wird, lauten dann, dass man wahlweise über Rassismus, Coronamaßnahmen, Quotierungen, Geschlechtsangleichungen etc. nicht sprechen müsse, da es hier nur eine Meinung geben könne. Mit dieser Aussage entsteht die für die identitätspolitische Methode typische Verdopplung des Widerspruchs. Auf der einen Ebene könnte man sachlich darüber streiten, wie intime Rücksichtnahme, Coronaregeln etc. zu bewerten sind. Doch auf der zweiten Ebene, wo die Cancel Culture herrscht, wird geleugnet, dass es hier überhaupt unterschiedliche Meinungen geben kann, da die Rücksichtnahme auf die Opferforderungen, die wissenschaftlichen Anweisungen des Robert-Koch-Instituts etc. unhinterfragt als gültig übernommen werden müssen.

Dass dann so erbittert über den Begriff Cancel Culture gestritten wird, resultiert aus der partikularistischen Logik, die verlangt, dass die Empfindlichkeiten der eigenen Identitätsgruppe zur allgemeinen Regel erklärt werden. Diese antiuniversalistische Behauptung verknüpft sich mit dem sprachmagischen Denken, dass ein Phänomen verschwindet, wenn seine Bezeichnung verschwindet. Ein solcher Zusammenhang zwischen Bezeichnungen und verhandelbaren Phänomenen hat in der politischen Kommunikation tatsächlich eine Relevanz. Denn wenn Phänomene nicht mehr beschrieben werden können, weil die Worte dafür verboten sind, können diese Phänomene auch nicht mehr zum Thema der politischen Kommunikation werden.

Die Hartnäckigkeit, mit der der Begriff der Cancel Culture geleugnet wird, folgt also nicht nur der Logik der doppelten Standards, sondern sie erfüllt auch eine Funktion im Kampf um die kulturelle Hegemonie. Den Begriff Cancel Culture als böses Wort canceln zu wollen, ist damit Teil ebender Cancel Culture, die es nach Meinung der Cancel-Aktivisten gar nicht gibt. Unermüdlich wird dieser Konflikt zwischen den rechten und den linken Cancel-Aktivisten ausgetragen, die sich wechselseitig vorwerfen, Cancel Culture zu betreiben, und für ihr eigenes Handeln den Vorwurf des Cancelns empört zurückweisen.

Mit Cancel Culture ist also nicht gemeint, dass ein öffentlicher Sturm der Empörung zwangsläufig dafür sorgt, dass eine Stimme ausradiert wird. Die Ausschließung kann eine Folge sein, doch in einer vielstimmigen Öffentlichkeit sind solche eindimensionalen Reaktionen unwahrscheinlich. Darum ist das Argument, es gäbe keine Cancel Culture, weil die Cancel-Aktionen doch fast nie erfolgreich seien, hinfällig. Dass die Cancel-Aktionen nicht immer ihr Ziel erreichen, beweist nicht, dass es keine Cancel-Absichten gibt, es zeigt nur, dass die Öffentlichkeit noch nicht vollständig nach den Forderungen der jeweiligen Cancel-Aktivisten umgebaut worden ist.[36]

Cancel Culture meint vielmehr, dass eine den Aktivisten unliebsame Stimme mit negativen Zuschreibungen versehen wird, so dass sie für alle sichtbar stigmatisiert ist. Die Absicht der Stigmatisierung besteht darin, dass die Argumente der markierten Position nicht mehr gehört und also auch nicht mehr widerlegt werden müssen. Der Unterschied zwischen linker und rechter Cancel Culture besteht wiederum darin, dass rechte Verbote leicht als autoritäre Politik erkannt werden, während linker Aktivismus sich als fortschrittlich gibt. Doch in den Folgen für die Kommunikation sind beide gleich negativ, da beide die gleiche Methode anwenden. Insofern verfehlt die Debatte, welche Cancel Culture die schlimmere sei, das eigentliche Problem.

Das individuelle Unbehagen beansprucht eine Macht und verhindert als Cancel Culture die mühsame Arbeit des zwanglosen Zwangs des besseren Arguments. Die konkreten Folgen der Cancel Culture sind eine Verengung der Öffentlichkeit nach den Regeln der aktivistischen Seite. Ihre Mittel sind die

Stigmatisierung von Personen und die Moralisierung von Argumenten. Ziel der Cancel Culture ist es, das Klima der Kommunikation zu verändern. Die freie Rede soll durch politisch-moralische Regeln gesäubert werden. Im universitären Betrieb sind die Folgen woker Cancel Culture alltäglich spürbar.[37] Nur eine woke Stimme kann die Kommunikation so einengen, dass allgemeine Beklommenheit herrscht. Die Angst, an den Pranger der neuen Moral gestellt zu werden und ein stigmatisierendes Etikett (Rassist, Alter weißer Mann, Klimaleugner, Coronaleugner, Russlandversteher etc.) angehängt zu bekommen, lässt viele verstummen. Die Macht der Cancel Culture zeigt sich also weniger in der öffentlichen Vielfalt als in den eingehegten Räumen von Universitäten, Redaktionen und kulturellen Milieus. Dass oft schon eine empörte Stimme ausreicht, um eine Gruppe zum Verstummen zu bringen, ist inzwischen ein häufiges Phänomen. Plötzlich sitzen Menschen, die gerade noch frei und konzentriert gesprochen haben, eingeschüchtert da, als wären sie Angeklagte, denen jedes Wort zum Verhängnis werden kann.

Die archaische Angst vor der Stigmatisierung ist auch in aufgeklärten Gesellschaften wieder real. Diese Angst wird von den Cancel-Aktivisten getriggert, indem sie signalisieren, dass die Waffe der moralischen Ächtung griffbereit liegt. Ein falsches Wort, und der Sprecher wird aus dem Kreis der Guten ausgeschlossen. So verbreitet sich ein Klima der gegenseitigen Überwachung, das aus der Geschichte totalitärer Systeme bekannt ist. Hat sich ein solches Klima etabliert, werden nicht mehr nur die offensichtlichen Verstöße geahndet, sondern es wird aktiv danach gesucht, ob sich unter der Oberfläche gefährliches Gedankengut verstecken könnte, das zur Stigmatisierung geeignet ist.[38] Sind Argwohn und Sensibilität ein so verhängnisvolles Bündnis eingegangen, entstehen neue Berufe, die aus den neuen Problemen Kapital schlagen. Sensitivity Reading prüft, ob in Texten Anlässe für Kränkung liegen könnten, die ohne professionelle Empörungsschulung niemand bemerkt hätte. Wo das hermeneutische Wohlwollen durch den Verdacht ersetzt wird, steht dem Missverstehen ein grenzenloses Feld offen.

Critical Race Theory

In der Intimkommunikation wird das Gefühl des Opfers zum machtvollen Akteur in der Öffentlichkeit. »Ich fühle mich schlecht« wird zum gültigen Argument, um etwas abzulehnen, und »Ich fuhle mich gut« wird zum Wahrheitsbeweis, dass etwas richtig sein muss. Je selbstverständlicher die Gefühle als allgemeingültige Argumente anerkannt werden, desto routinierter wird die Macht des Opfers ausgeübt. Die neuen Opfer-Akteure beherrschen das Spiel mit der Ambivalenz ihrer eigenen Position: Sie bleiben unschuldig, da sie als Erlebende und nicht als Handelnde auftreten; und sie sichern ihre Macht, da sie allein darüber entscheiden, was ihr Erleben zu bedeuten hat.[39]

So erklärt sich, dass eine globale Bewegung der Opfer entsteht, in der über alle Unterschiede hinweg, eine neue Leitunterscheidung gezogen wird. Palästinenser, schwarze US-Amerikaner und deutsche Migranten sehen sich in einer Einheitsfront gegen eine »weiße Herrschaft«, Israelis, rassistische US-Polizisten und Biodeutsche werden in einen Topf geworfen, Identitätspolitik ist zur globalen Kampfform geworden.

Die neue Front verläuft zwischen den weißen Gesellschaften, die des Kolonialismus und Rassismus angeklagt werden, und dem globalen Süden, der als Opfer auf Entschädigung und Anerkennung drängt. Indem alle Ungleichheiten durch die Brille der verletzten Identität betrachtet werden, kommt es zu einer Eingemeindung unterschiedlichster Konflikte unter einen Kampf. Ist eine solche Position einmal eingenommen, so ist jede einzelne Diskriminierung ein Alarmruf, der auf alle Diskriminierungen der Welt hinweist. Wird eine solche Verbindung gezogen, so wird jedes einzelne Ereignis zum Ausdruck eines strukturellen Rassismus.

Die Critical Race Theory (CRT) reagiert auf die lange Tradition rassistischer Denkweisen. Sie geht zu Recht von der Beobachtung aus, dass in Gesellschaften, in denen rassistische Vorurteile als Normalität gelebt wurden, diese tief verwurzelt sind. Doch diese Analyse wird in der CRT zu einer aktivistischen Haltung, in der alle Differenzierungen ausgeblendet werden. Das Bemühen einzelner Weißer, ihr Verhalten ändern zu wollen, zählt dann ebenso wenig wie die politischen Versuche, Rassismus zu bekämpfen. Getreu der aktivistischen Logik ist jede Verfehlung ein Skandal und jede Mühe, daran etwas zu ändern, immer unzureichend. Hat man die Bewertung von einzelnen Ereignissen auf die Sichtweise der Critical Race Theory umgestellt, so ist alles, was in einer weißen Gesellschaft passiert, automatisch rassistisch, allein deswegen, weil es in einer weißen Gesellschaft passiert. Wenn jedes Ereignis nur noch als Beispiel für einen strukturellen Rassismus gilt, muss die notwendige Schlussfolgerung sein, dass die Strukturen der weißen Gesellschaften verändert werden müssen. Und ebendieses Ziel verfolgt die CRT, indem sie die Abschaffung des Universalismus fordert. Er soll nicht nur in seiner Entstehung die parteiische Idee weißer Menschen gewesen sein, sondern die Idee selbst soll ein Mittel sein, um die weiße Herrschaft zu sichern. Die universelle Gleichheit soll historisch wie gegenwärtig nur dazu dienen, nichtweiße Menschen zu unterdrücken, da die Idee der Gleichheit nur die Gleichheit weißer Menschen impliziert.

In dem Bestseller »How to be an antiracist« von Ibrahim X. Kendi[40] wird der Angriff auf den »weißen Universalismus« in aller Deutlichkeit ausformuliert. Die Prämisse seines Angriffs besteht darin, dass es keine Nichtrassisten gibt. Es gibt nur Rassisten und Anti-Rassisten. Diese Logik ist aus dem Krieg bekannt. Wer nicht für die eigene Partei ist, gilt automatisch als ihr Feind. Ausgehend von dieser Kriegslogik zerfällt die von Kendi beschriebene Gesellschaft in verfeindete Gruppen. Dabei gilt ihm die Neutralität des Nichtrassisten als das schlimmste Vergehen: »Die bedrohlichste rassistische Bewegung ist nicht die aussichtlose Kampagne der Alt-Right-Bewegung für einen unwahrscheinlichen *White Ethnostate*, sondern die

Kampagne ganz normaler Amerikaner und Amerikanerinnen für einen ›Race-neutralen‹ Staat.«[41]

Gegen diesen Angriff auf den Universalismus ist tatsächlich kein Argument mehr möglich. Denn wenn sowohl die regulative Idee eine weiße Identitätspolitik und die Idee selbst eine Verkörperung weißer Vorherrschaft sein soll, dann ist jede Debatte über den Wert des Universalismus beendet. Denn dann stehen sich zwei unvereinbare Forderungen gegenüber. Sie sind unvereinbar, da sie auf zwei unterschiedlichen logischen Ebenen argumentieren. Die Vertreter der CRT sagen, dass der Universalismus eine weiße Idee ist, die der weißen Herrschaft dient. Die Vertreter des Universalismus wissen, dass die Idee historisch weißen Köpfen entsprungen ist, sie ergänzen aber, dass sie als Idee weder weiß noch schwarz ist, sondern allen Menschen gleichermaßen dient. Genau diese Allgemeingültigkeit und Farbenblindheit wird von der CRT abgelehnt. Denn ihre Behauptung lautet, dass Allgemeingültigkeit und Farbenblindheit nur besonders raffinierte Formen des weißen Rassismus seien. So gilt für Ibrahim X. Kendi bereits als »kultureller Rassist«, wer »einen kulturellen Standard schafft«.[42]

An einem Beispiel ist ersichtlich, welche Konsequenzen eine solche Behauptung hat. Die klassischen Orchester haben vor vielen Jahren die Prozedur der Neueinstellungen verändert. Seitdem wird das »Blindvorspiel« praktiziert, was bedeutet, dass die Bewerber hinter einer Wand spielen und darum allein der Klang über ein Engagement entscheidet. Das Blindvorspiel hat dazu geführt, dass die Orchester deutlich diverser geworden sind. Nun wird bemängelt, dass es immer noch zu wenig schwarze Musiker im klassischen Orchester geben würde. Da das Blindvorspiel daran nichts ändern konnte, wird seine Farbenblindheit als rassistisch kritisiert. Die Wand soll weg und durch eine Quotierung ersetzt werden. Es soll also nicht mehr der Klang entscheiden, sondern die Hautfarbe.[43]

Der Angriff der CRT ist so wirkungsvoll, weil bereits im Moment, wo die Möglichkeit einer neutralen und darum fairen Instanz (das Blindvorspiel) als »kultureller Rassismus« diffamiert wird, diese bereits zerstört ist. Und da die Wellen von moralischer Panik gerade im Kulturmilieu springflutartig aufbranden, macht sich jetzt jeder, der das faire Blindvorspiel verteidigt, des Rassismus verdächtig. Wenn in einem Konflikt eine neutrale und darum für alle gültige Wahrheit von einer Seite abgelehnt wird, fällt die Neutralität automatisch auf die Ebene der parteilichen Meinungen.

Die Neutralität ist also gerade keine robuste Instanz, sondern eine Errungenschaft, die nur so lange ihren Wert behält, wie sie von allen Beteiligten anerkannt wird. Aus diesem Grund ist der Angriff der CRT auf die Neutralität des Universalismus der radikalste Angriff, der gegen die aufgeklärten Gesellschaften gemacht werden kann. In dem Moment, wo eine Infragestellung des Universalismus in der politischen Öffentlichkeit diskutiert wird, hat der Angriff bereits seine Funktion erfüllt, da die Neutralität des Universalismus zu einer parteilichen Meinung der Weißen geworden ist. Dass die Akzeptanz der universellen Werte erodiert, ist eine Folge dieser Angriffe. Eine weitere Folge ist, dass die Argumente für den Universalismus umso dringlicher werden, je mehr sie in die Defensive geraten, und dass sie sich damit selbst ins Unrecht setzen. So liefern sie selbst den Beweis, dass sie nur der Verteidigung weißer Privilegien dienen.

Diese Tendenz ist zu beobachten, wenn rechte Identitätspolitik den Universalismus als Qualität weißer Gesellschaften betont. Das passiert regelmäßig, wenn nach einem islamistischen Anschlag daran erinnert wird, wie frauenfeindlich der Islam sei. Die Gegenreaktion der linken Identitätspolitik ist jedoch genauso einseitig. Sie verschweigt die antiemanzipatorischen Teile des Islam aus Furcht, der »falschen Seite« Argumente zu liefern. An dieser Debatte ist ein weiteres Mal zu erkennen, wie Identitätspolitik zu verhärteten Fronten führt, die beide Seiten blind für ihre eigenen Vorurteile macht. Dieser Prozess ist bereits so weit fortgeschritten, dass die Angriffe auf den Universalismus aus den unterschiedlichsten Richtungen erfolgen. Nicht nur linke Identitätspolitik, sondern zunehmend rechte Nationalisten, religiöse Fundamentalisten und der autoritär gelenkte Kapitalismus in China haben den aufgeklärten Universalismus der Gleichheit zum Feind erklärt. Insofern ist in der politischen Gegenwart längst eingetreten, was die CRT als Kampfziel formuliert hat. Der Universalismus ist global zu einer weißen Minderheitenmeinung gemacht worden, die mit dem Argument bekämpft wird, dass er dem Selbstbestimmungsrecht der vielen Identitäten sein Modell einer gleichen Gesellschaft überstülpen will.

Woker Aktivismus

Die Abwicklung des Universalismus wird in den westlichen Gesellschaften vor allem im Raum des Vorpolitischen betrieben. An Universitäten, in Redaktionen und den sozialen Netzwerken formiert sich eine Protestkultur, die sich selbst mit dem Kunstwort »woke« bezeichnet. Gemeint ist damit, dass die Aktivisten sich selbst als erwacht ansehen und nun mit schreckgeweiteten Augen das gesamte Unheil der rassistischen weißen Gesellschaft erkennen. Wie alle Erwachten sind auch die Woken von einem missionarischen Eifer getrieben. Ihr Furor zeichnet sich jedoch durch eine spezifisch postmoderne Paradoxie aus. Sie sind äußerst sensibel beim Erspüren von skandalisierbaren Ereignissen, und zugleich sind sie äußerst robust, wenn sie einen Feind identifiziert haben. Sie erwarten größte Rücksichtnahme für ihre Eigenarten, kennen aber für die von ihnen identifizierten Täter kein Pardon. Die Bezeichnung »Crybullying« wurde eigens für dieses seltsame Verhalten erfunden. Die weinerliche Herrschsucht vereinigt die Weichheit einer Schneeflocke mit der Schärfe eines Reibeisens. Und wie mit allen Menschen, die von einer Mission beseelt sind, ist eine Debatte über ihr eigenes Auftreten kaum möglich. Wer versucht, die Methoden der Woken zu kritisieren, gilt nach deren Logik bereits als Feind, der bekämpft werden muss.

Ist die woke Mechanik einmal in Gang gesetzt, führt sie sich selbst immer neue Skandale zu. Denn wer nach möglichen Kränkungen sucht, wird in einer Massengesellschaft auch massenhaft fündig werden.

Aus der Perspektive der woken Aktivisten leben sie in einem rassistischen Sumpf, den sie trockenlegen müssen. Aus der Perspektive der Nichtwoken handelt es sich bei dieser Suche jedoch um eine sich selbst bestätigende Behauptung. Denn wird die Sensibilität zur Waffe gemacht, findet sie zuverlässig Verletzungen, die sich skandalisieren lassen. Wer den woken Aktivismus kritisiert, ist darum nicht blind für den Rassismus oder die zahlreichen Diskriminierungen, sondern er weist darauf hin, dass eine woke Suche genau das findet, was sie unterstellt hat. Denn sie hat keinen unvoreingenommenen Blick auf die Welt, sondern sie schaut mit einem Vorurteil, das sich immer wieder bestätigt findet. So reproduziert die Wokeness eine Struktur, bei der die weißen Mitmenschen vorverurteilt werden, um dann genau die schlechten Eigenschaften zu finden, die man zuvor vermutet hat. Es ist unschwer zu erkennen, dass das woke Vorurteil die Struktur des Rassismus wiederholt.

Je mehr die Wokeness zum dominanten Verhalten in einer Gruppe wird, desto deutlicher wird, dass es sich dabei um eine radikalisierte Anwendung des strategischen Essentialismus handelt. Man könnte die woke Wachsamkeit als »strategischen Rassismus« bezeichnen. Das woke Vorurteil besteht darin, dass die weiße Gesellschaft und die weißen Menschen strukturell rassistisch sein sollen. Und wie der historische Rassismus nimmt auch die woke Variante für sich in Anspruch, dass sie dabei keinem beliebigen Vorurteil folgt, sondern dass ihr Urteil wissenschaftlich, in diesem Fall in der Critical Race Theory, begründet ist.

Schaut man mit dem woken Blick umher, kann jedes Verhalten als Beweis des strukturellen Rassismus gelten: Buntstifte, deren getönt-weiße Farbe manchmal mit »hautfarben« bezeichnet wird, sind rassistisch. Eine Waffel, die mit dunkler Schokolade ummantelt ist, heißt »Afrika«, was ein rassistischer Name ist.[44] Clan-Kriminelle dürfen nicht so heißen und Schwarzfahrer sollen bei den Berliner Verkehrsbetrieben nicht mehr so genannt werden. Täglich kommen neue Skandale hinzu, deren Zweck darin besteht, ein Bild der Gesellschaft zu zeichnen, die in jeder Pore von weißer Überheblichkeit und Rassismus durchdrungen ist. Der woke Aktivismus macht aus einer partikularen Beobachtung eine allgemeingültige Wahrheit. Das gelingt, indem die identitätspolitische Methode zur Ideologie ausformuliert wird, in der jedes Ereignis an die Frage der Identität geknüpft ist. So findet keine Debatte über die Sinnfälligkeit der Buntstiftfarbe oder die Notwendigkeit, Parallelgesellschaften zu verhindern, statt, sondern es steht gleich der große Komplex der Würde und der Kränkung auf dem Spiel.

8. Ideologische Sackgassen

Aus der paradoxen Anweisung des strategischen Essentialismus folgen nicht nur weitere paradoxe Anweisungen, sondern auch rekursive Begründungen: Eine Aussage ist absolut wahr, weil sie von einem Opfer gemacht wird; und der Aussagende ist ein Opfer, weil er diese Aussage gemacht hat. Würde eine solche Tautologie zur allgemeinen Regel, wäre es unmöglich, zwischen verschiedenen Wahrheitsansprüchen zu unterscheiden. Dass solche unentscheidbaren Konflikte immer häufiger auftreten, zeigt, wie weit diese Regel inzwischen durchgesetzt ist. So kam es in der Hochphase der Black Lives Matter-Bewegung in den USA zu einem paradigmatischen Konflikt zwischen einer weißen Frau und einem schwarzen Mann. Ein schwarzer Spaziergänger fühlte sich im Central Park durch den freilaufenden Hund einer weißen Joggerin belästigt, da er Vögel beobachten wollte. Seine Bitte, den Hund doch anzuleinen, erboste die Frau so sehr, dass sie drohte, die Polizei anzurufen. Auf dem Video, das der Mann von der Szene aufgenommen hat, ist zu hören, wie die weiße Frau offensichtlich die Anschuldigung erfindet, sie fühle sich von einem »schwarzen Mann« bedroht.

In der Zeit vor BLM und in der Hochphase von #Metoo hätte ein solcher Anruf bei der New Yorker

Polizei zu großen Schwierigkeiten für den Mann geführt. Denn hier hätte die Regel gegolten, dass dem Opfer, in diesem Fall also der Frau, immer geglaubt werden muss. Das Dogma hätte zu der absurden Forderung geführt, dass das subjektive Empfinden einer Bedrohung anerkannt werden muss, auch wenn das Video zeigt, wie die Bedrohung erfunden wird.[45] Nun hatte sich die politische Stimmung geändert, und die Identität, deren Aussage größerer Wert beigemessen wird, liegt bei dem schwarzen Mann. Nachdem das Video verbreitet worden war, entstand eine Empörungswelle, in deren Folge die Frau ihre Arbeit und sämtliche Freunde verloren und ihren Hund in ein Tierheim gegeben hat. Der Fehler der Frau bestand nicht nur darin, dass sie für ihre Belange ein rassistisches Vorurteil bei der Polizei nutzen wollte, sondern auch darin, dass sie nicht bemerkt hatte, wie sich die Hierarchien der Identitäten inzwischen verändert hatten. Die Situation ist insofern paradigmatisch, als sie zeigt, wie verschiedene Identitäten davon überzeugt sind, sie könnten ihr Recht nur dadurch bekommen, dass sie Vorurteile nutzen und Vorrechte in Anspruch nehmen. Das Beispiel zeigt, wie unlösbar und unfair Konflikte werden, wenn das Fundament der Gleichheit nicht mehr gegeben ist.

Die Forderung der woken Identitätspolitik, bestimmten Identitäten immer zu glauben, führt zwangsläufig zu einer solchen Konkurrenz zwischen den Identitäten. Der Konflikt zwischen der weißen Frau und dem schwarzen Mann zeigt, welche regressiven Tendenzen dadurch möglich werden. Denn das Bewusstsein der Frau, dass sie als weiße Frau einen

Bonus bei der Polizei hat, der durch #Metoo noch-einmal größer geworden ist, verführte sie dazu, ihre Interessen mit unlauteren Anschuldigungen durchsetzen zu wollen. Sie hatte offensichtlich gelernt, dass ihre Aussagen mehr Gewicht haben, wenn sie betont, dass ihr »als Frau« etwas passiert. Wenn die Betonung der eigenen Identität dazu führt, Vorteile zu bekommen, wird sie zum alltäglichen Verhalten.

Der regressive Umbau der politischen Öffentlichkeit aufgrund dieser Verhaltensänderung ist in den USA bereits weit fortgeschritten. Denn die Inanspruchnahme der bevorzugten Opferidentität bleibt nicht auf die Gruppierungen beschränkt, die die woke Identitätspolitik durchsetzen wollen, sondern sie wird inzwischen von allen gesellschaftlichen Gruppen übernommen. Das Opfer ist der neue Chef. So sucht jede Gruppe danach, in welcher Hinsicht sie sich als Opfer darstellen könnte. Hilfreich bei dieser Suche ist, dass der Selbstaussage des Opfers niemals widersprochen werden darf.

Der Gewinn, den eine Opferidentität verspricht, führt dann dazu, dass auch die Gruppen, die unter woken Gesichtspunkten nicht opferwürdig sind, sich diese Identität aneignen. Die Opferidentität weißer Amerikaner, die von Arbeitslosigkeit oder Drogentod bedroht sind, ist für die woke Identitätspolitik ein großes Ärgernis. Um gegen diese »falschen« Opfer vorzugehen, erweitert sie das Ursprungsdogma – dem Opfer muss immer geglaubt werden – um einen entscheidenden Punkt: Aber nicht jeder darf sich zum Opfer machen. Die Frage, welche Instanz entscheiden kann, wer opferwürdig ist und wer nicht, befeuert seitdem den Kulturkampf.

Um sich in diesem Kulturkampf einen Vorteil zu verschaffen, wird von der Critical Race Theory ein weiteres Dogma eingeführt: Es gibt keinen Rassismus gegen Weiße. Dieses Dogma erweitert die schon ältere Behauptung, dass es keine Diskriminierung von weißen Männern geben könne, da diese im Patriarchat grundsätzlich die Herrschaft innehätten. Dass beide Aussagen durch die alltägliche Beobachtung und soziologische Empirie widerlegt sind, verhindert nicht, dass sie immer wieder als Tatsachen postuliert werden. Der argumentative Zirkel lautet: Es gibt zwar auch Diskriminierung gegen Weiße, doch kann diese niemals rassistisch sein, da die rassistischen Strukturen einer weißen Gesellschaft nur Nichtweiße betreffen können. Bei der Durchsetzung dieses Dogmas wird die ganze Gewalt der moralischen Einschüchterung aufgeboten. Denn nur wenn es gelingt, diese neue Trennung zwischen den Hautfarben durchzusetzen, ist das Projekt des Universalismus und der Aufklärung beendet. Eine neue Rassentrennung hätte dann die alte Rassenlehre unter umgekehrten Vorzeichen wiederholt.

9. Identitätspolitik als Herrschaftsideologie

Die neue Ideologie hat eine populäre Anwendung in dem Buch »Wir müssen über Rassismus sprechen« von Robin DiAngelo[46] gefunden. In diesem Lehrbuch wird der Machtanspruch der doppelten Standards deutlich. Die Botschaft des Buches, das nicht nur in den USA ein Bestseller war, ist so einfach wie schockierend: Alle weißen Menschen sind Rassisten, weil sie in einer rassistischen Gesellschaft leben und dadurch Vorteile genießen. Darum müssen alle weißen Menschen umerzogen werden. DiAngelo gibt ihre Anweisungen in Form eines Befehls für weiße Menschen, auf den sie nicht anders als mit Unterwerfung reagieren können.

Wer nicht akzeptiert, dass man als weißer Mensch alternativlos ein Rassist ist, wird hier eines Besseren belehrt. Die Belehrung folgt dabei dem Muster, das Umerziehungsmaßnahmen in totalitären Systemen entwickelt haben. Wer der Anschuldigung widerspricht, macht sich dadurch erst recht verdächtig und liefert unfreiwillig den Beweis, dass er schuldig ist. In den Worten von DiAngelo heißt das dann, wer als weißer Mensch widerspricht, erfüllt den Tatbestand der »white fragility«. Damit ist gemeint, dass der Widerspruch weißer Menschen gegen den Vorwurf des Rassismus der Beweis für die Richtigkeit des Vorwurfs ist.

Die »weiße Zerbrechlichkeit« ist die zum Begriff geronnene Methode der Inquisition: Wer sich verteidigt, klagt sich an. In den Hexenprozessen wurde dieser Zirkelschluss brutal durchgesetzt: Nur wer schuldig ist und sich mit dem Satan eingelassen hat, kann auf den Gedanken kommen, sich gegen die Vorwürfe der Inquisition verteidigen zu wollen. Dass eine solche Argumentation zuverlässig Schuldige findet, ist wenig überraschend. Dass aber die Methoden der Inquisition in den USA und zusehends auch in Mitteleuropa wieder auf offene Ohren treffen, ist alarmierend. Hier werden die doppelten Standards der Identitätspolitik zu einem veritablen neuen Rassismus ausgebaut. Wer eine Unterscheidung von Gruppen allein aufgrund ihrer Hautfarbe vornimmt, folgt dem ältesten aller rassistischen Argumente. Die Antwort der CRT auf diesen Vorwurf lautet, dass mit »Weiß« und »Schwarz« eben nicht die Farben der Haut gemeint seien, sondern Konzepte von Lebensweisen und Hierarchien. Diese Erklärung führt jedoch noch weiter in die Paradoxien der doppelten Standards.

Denn das Konzept »Schwarz«, das durch das großgeschriebene Adjektiv gekennzeichnet werden soll, steht nicht allen Hautfarben zur Verfügung. Wer als weißhäutiger Mensch sich das Konzept Schwarz aneignen will, macht sich eines besonders schweren Falls von Cultural appropriation schuldig, also der widerrechtlichen Aneignung einer Identität. Schwarz als Konzept ist damit doch an schwarz als Hautfarbe gebunden. In dieser Unterscheidung liegt also eine implizite Wertung, dass das Konzept Schwarz unvergleichlich ist mit dem von Weiß. Denn wären beide

Konzepte gleichwertig, wäre die Aneignung kein Verstoß, der bestraft werden müsste. Zugleich wird die Verwirrung etabliert, dass manchmal die Hautfarbe entscheidend ist, wie bei der weißen Fragilität, und manchmal nicht, wie bei dem Konzept Schwarz. Das paradoxe Spiel führt also zu einer neuen Hierarchie zwischen den Hautfarben. Schwarz kann als Konzept farbenblind sein und gleichzeitig als Machtgeste an die Hautfarbe gebunden sein. Aus dieser Paradoxie folgt, dass Schwarz als Konzept den Weißen nicht möglich ist. Denn Weiß ist eine Hautfarbe, die unauflöslich mit dem Konzept Rassismus verbunden wird. Daraus folgt, dass jemand mit weißer Haut immer »Weiß« als rassistisches Konzept ist und dass er niemals Schwarz sein kann, sondern im Gefängnis seiner Hautfarbe und damit der rassistischen Strukturen steckt.

Wer in dieser Verwirrung die Macht über die Entscheidung hat, die Konzepte Schwarz und Weiß mit den Farben Schwarz und Weiß zu kombinieren, hat die Macht über die doppelten Standards. Oder, um es allgemeiner zu formulieren, wer darüber entscheidet, wann die Partikularität (Hautfarbe) und wann der Universalismus (Konzept und Struktur) zählt, der hat die Macht. Und diese Macht liegt bei den Vertretern linker Identitätspolitik. Der race-consciouness anti-racism produziert also wie alle identitätspolitischen Konzepte paradoxe Widersprüche, die zu einem Machtungleichgewicht führen. Die Paradoxien sind also kein Makel in der Theoriebildung, sondern sie sind das eigentliche Fundament der postmodern essentialistischen Macht. Wer über die Auflösung einer Paradoxie entscheidet, der hat Macht über die darin getroffenen Wertungen. Alle anderen müssen sich den paradoxen Befehlen unterwerfen, oder sie müssen das Feld verlassen.[47]

Im Alltag ist diese paradoxe Macht schon jedem in dem vertrackten Kommunikationsverhalten des Double Bind begegnet. Wer auf die Frage, wie es einem geht, mit Leidensmiene antwortet: Es geht mir gut!, der produziert eine doppelte Botschaft. Zum einen signalisiert die Miene, dass es einem schlecht geht. Zum anderen sagen die Worte, dass alles gut ist. Wer mit einer solchen doppelten Botschaft konfrontiert wird, kann nur falsch reagieren. Denn entweder bezieht man sich auf das Leiden und will helfen, oder man hört die Worte und hilft nicht. In beiden Fällen kann der Produzent des Double Binds sich beschweren, dass man seinem Wunsch nicht entsprochen hätte. Die Macht der Kommunikation liegt also bei dem, der darüber entscheiden kann, welche Seite der Paradoxie gerade gilt. Dem Double Bind kann man sich nur unterwerfen oder die Kommunikation verlassen.

Genau diese Zwangslage will das Anti-Rassismus-Seminar von DiAngelo mit der Technik der paradoxen Identitätskonstruktionen erzwingen. Wer das Seminar vorzeitig verlässt, liefert den Beweis, dass die weiße Zerbrechlichkeit die Wahrheit nicht aushält, und macht damit die Wichtigkeit des Seminars umso dringlicher. Wer bleibt, hat sich dem paradoxen Befehl unterworfen und schlägt damit den Weg ein, den die Critical Race Theory vorschreibt. Damit wird die Prämisse akzeptiert, dass für schwarze und weiße Menschen unterschiedliche Standards gelten: Wenn eine schwarze Person ein Ereignis als rassistisch empfindet, gilt diese Empfindung für alle anderen als objektiver Tatbestand. Weiße Personen können dann nur noch ihre Schuld eingestehen und versuchen, die Ursachen des Rassismus zu verändern. Wenn hingegen eine weiße Person eine Empfindung äußert, gilt diese als »white fragility«, womit der Vorwurf, sie sei rassistisch, bewiesen wäre.

Aus der Regel, dass dem Opfer immer geglaubt werden muss, dass aber nicht jeder ein Opfer sein kann, folgt eine reale Macht, gegen die kein Widerspruch mehr möglich ist. Denn jeder Weiße, der es wagt, einen vom Opfer beklagten Rassismus infrage zu stellen, wird automatisch zum Rassisten erklärt. Diese Anschuldigung kann den sozialen Tod und den Verlust des Arbeitsplatzes zur Folge haben. Eine solche Anschuldigung ist also ein sehr scharfes Schwert. Umso beängstigender ist es, dass die Verwendung dieser Waffe keinerlei Aufsicht unterliegt. Denn diejenigen, die den Rassismus-Vorwurf erheben, müssen mit keinerlei Konsequenzen rechnen, sollte sich ihr Vorwurf als falsch erweisen.[48]

Das herrische Auftreten der woken Aktivisten erklärt sich aus dieser neuen Machtkonstellation. Zum einen fühlen sie sich »erleuchtet«, die rassistischen Strukturen erstmalig erkannt zu haben, und zum anderen haben sie in den akademischen Milieus, in denen sie aktiv sind, mit keinerlei Widerspruch mehr zu rechnen. Aus dieser Kombination leitet sich ihr Anspruch ab, der eigenen Erleuchtung zu folgen und jeden Widerstand mit den Mitteln der moralischen Ächtung aus dem Weg zu räumen. So ist eine sehr durchsetzungsstarke Waffe im Kulturkampf entstanden, die das Potenzial hat, die Grundmauern des Universalismus und der Gleichheit einzureißen.

Wie weit diese Fundamente schon erodiert sind, zeigt sich daran, dass immer mehr sachliche Probleme zu Kämpfen zwischen verfeindeten Stämmen gemacht werden. In der Coronakrise mussten unzählige politische Entscheidungen unter dem Handlungsdruck der Virenverbreitung getroffen werden. Nach einem kurzen anfänglichen Erschrecken über die tödliche Gefahr wurden alle Entscheidungen zu einem Schauplatz erbitterter Gefechte. Auf der einen Seite standen diejenigen, die schon das Tragen einer medizinischen Maske als unerträglichen Eingriff in ihre persönliche Freiheit empfanden. Aus dieser Empfindlichkeit entwickelte sich dann eine veritable Verschwörungstheorie, die besagen sollte, dass das Virus nur ein Vorwand sei, um die Bevölkerung mit Grundrechtseinschnitten zu unterjochen und mit gefährlichen Impfstoffen zu manipulieren. Auf der anderen Seite standen diejenigen, die jede Infragestellung der Maßnahmen als Ausweis einer leichtsinnigen Coronaleugnung ablehnten. Wer sich nicht mit Eifer den immer neuen Regeln unterwarf, galt automatisch als gefährlicher Zeitgenosse. Je mehr diese Seite jede Debatte über den Sinn und Schaden der Maßnahmen tabuisieren wollte, desto mehr radikalisierten sich die Kritiker. Die Folge war ein Konfliktüberschuss, der jede Maßnahme zu einem Symbol für die folgsamen oder widerständigen Zeitgenossen gemacht hat. Zur Eindämmung des Virus haben diese aufgeheizten Gefechte nichts beigetragen. Im Gegenteil ist zu vermuten, dass die mangelhafte Impfbereitschaft eine der Folgen war, die daraus entstanden sind, weil Sachprobleme immer hitziger als Kulturkämpfe ausgetragen wurden.

Doch neben dem Angriff auf den Universalismus besteht die größte Gefahr, die von der Identitätspolitik ausgeht, darin, dass sie die globalen Anstrengungen, um auf den Klimawandel und seine Folgen reagieren zu können, zu einem Kulturkampf macht. Wenn die Aktivisten der Letzten Generation die Generation der Babyboomer zu Schuldigen erklären und mit ihren Protesten inzwischen 85 % der Bevölkerung gegen sich aufbringen, so geht von dieser Art der identitätspolitischen Protestbewegung eine reale Gefahr für den Klimaschutz aus. Mit jedem Stau, den sie durch ihr Festkleben auf der Straße provozieren, erzeugen sie weitere wütende Menschen, die auf das Thema des Klimawandels mit Abwehr reagieren. Statt die große gemeinsame Anstrengung, die der klimafreundliche Umbau einer Industriegesellschaft bedeutet, durch gesellschaftliche Mehrheiten zu unterstützen, produziert diese kulturkämpferische Klimapolitik das Gegenteil. Sie macht aus der Frage des Klimawandels eine Frage, die Menschen in Gut und Böse einteilt, sie verteilt Schuld auf verschiedene Menschengruppen und sie provoziert Abwehr, wo Einvernehmlichkeit notwendig wäre. Selbst bei dem globalen Thema des Klimawandels ist Identitätspolitik ein Treiber autoritärer Politik, die zur Spaltung und Feindschaft führt.

Das Wiedererstarken der archaischen Methode der Identitätspolitik dringt also inzwischen in alle Lebensbereiche ein und verhindert so die notwendigen Debatten über die großen Themen. Identitätspolitik behauptet, die Lösung zu kennen und die richtige Methode zu haben, um diese durchzusetzen. Doch diese Behauptungen sind nicht nur falsch, sondern sie verhindern durch ihre aktivistische Logik die notwendige Entwicklung in komplexen Gesellschaften. Identitätspolitik ist eine Methode, die die Probleme vereinfacht, um der eigenen Agenda eine eindeutige Stoßrichtung zu geben. Damit ist sie eine Methode, die allein den Interessen der jeweiligen Identität nutzt. Sie ist also keine Methode, mit der sich die vielfältigen Interessenkonflikte in modernen Gesellschaften lösen lassen. Da sie nur Freund und Feind kennt, erschwert sie Kompromisse. Und da sie jedes Argument danach sortiert, ob es vom Freund oder vom Feind kommt, reduziert sie das Verstehen auf ihren eigenen Horizont. Die Entscheidungen, die durch die identitätspolitische Methode herbeigeführt werden, sind darum immer beschränkt auf die archaische Logik von Sieg und Niederlage.

Um diese Ideologie durchzusetzen, werden alle bisher beschriebenen Argumentationsfiguren genutzt. Der strategische Essentialismus will einen »race consciousness anti-racism« etablieren. Die doppelten Standards führen dazu, dass Einzelfälle unterschiedlich bewertet werden – trifft Diskriminierung einen schwarzen Menschen, ist es Rassismus, der strukturell begründet ist, trifft Diskriminierung einen weißen Menschen, ist es ein Einzelfall von Ungerechtigkeit, der nicht strukturell begründet ist. Und die Routine, moralische Panik zu erzeugen, macht aus jeder einzelnen Diskriminierung ein Symptom für den Sumpf von Rassismus.

Jede dieser politischen Methoden ist kritisierbar und wird von aufgeklärten Gesellschaften vermieden. Doch linke Identitätspolitik hat das Kunststück vollbracht, dass diese Unterwanderung von zivilisatorischen Standards als fortschrittliche Bewegung gilt. Die Regression erscheint nicht nur den Aktivisten als moralisch wertvoll, sie haben erreicht, jede Kritik als reaktionär abzuwehren. Unter ideologiekritischen Gesichtspunkten handelt es damit um eine hegemoniale Ideologie. Denn sie hat es geschafft, dass nicht nur die Nutznießer sie verteidigen, sondern auch Kritik an ihr so erschwert worden ist, dass jeder, der es dennoch wagt, mit den Konsequenzen der gesellschaftlichen Ächtung rechnen muss.[49]

10. Das Ende des Universalismus

Bei den Kipp-Punkten der Identitätspolitik in eine Herrschaftsideologie handelt es sich nicht nur um die Radikalisierung einer vorherigen Tendenz, sondern um einen Umschlag in eine neue Qualität. Es geht dem identitätspolitischen Aktivismus nicht mehr um die Korrektur von Missständen, sondern um eine Korrektur der Gesellschaft, die auf universalen Rechten basiert, zu einer Gesellschaft, in der einzelne Gruppierungen ihre Vorrechte durchsetzen wollen. Indem der Universalismus zum Interesse der weißen Menschen reduziert wird, erheben die Aktivisten den Vorwurf, dass dieser Universalismus immer schon eine weiße Identitätspolitik gewesen sei. Dieser Vorwurf entbehrt nicht nur einer historischen Kenntnis, sondern er stülpt die Logik der doppelten Standards über die regulative Idee der universellen Gleichheit. Wenn jede menschenfreundliche Idee auf ein egoistisches Interesse reduziert wird, wird auch Mutter Theresa zu einer geltungssüchtigen Nonne, die sich aufgeopfert hat, um damit weltberühmt zu werden.

Unter dieser Perspektive zerfällt alles soziale Handeln zu einem Kampf aller gegen alle. Das Machtparadox der Aktivisten besteht darin, dass sie ihren Kampf gegen den Universalismus damit begründen, eine aktuelle Ungleichheit verändern zu wollen. Der blinde Fleck dieser Argumentation besteht jedoch darin, dass die Ungleichheit nur auf der Grundlage der normativen Regel des Universalismus kritisiert werden kann. Die neue Ideologie will also genau den Maßstab zerstören, den sie benötigt, um Ungleichheit ablehnen zu können. Der logische Fehler, der aus diesem blinden Fleck folgt, besteht in dem identitätspolitischen Paradox, dass jede Identität ihre eigenen Wahrheiten haben soll und dass zugleich die universelle Regel der Gleichheit in Anspruch genommen wird, um Ungleichheiten verändern zu wollen. Also auch bei der Idee der Gleichheit sollen mal die einen (Universalismus) und mal die anderen (Identitätspolitik) Standards gelten. Je aggressiver diese paradoxe Macht durchgesetzt wird, desto mehr gelten die Regeln des Kampfes, der nur noch Freunde und Feinde kennt. Der eigenen Position wird jedes Recht zugesprochen, dem Feind werden hingegen keine Rechte mehr zugestanden. Der Kampf für Gleichheit negiert die Gleichheit der Menschen.[50]

Im Zentrum des Kampfes steht die Frage, welche Instanz den neuen machtvollen Opferstatus legitimiert. Denn die zirkuläre Behauptung, dass die Zugehörigkeit zu einer Opfergruppe über den Opferstatus entscheidet, klärt nichts. Es entbrennt ein erbitterter Streit zwischen den Opferdiskursen. Da die Diskurse modischen Schwankungen unterliegen, ist der Kampf im vorpolitischen Raum über die jeweiligen Opferdiskurse entscheidend. Wer die größte moralische Panik entfacht, hat Vorteile. Nur wer den kleinsten Anlass für eine Beschwerde nutzt und diese lautstark vorträgt, kann seine Opferidentität behaupten. So erklärt sich das Phänomen, dass in Gesellschaften, die immer weniger Diskriminierung kennen, die Klagen über Diskriminierung immer mehr zunehmen.

Die Critical Race Theory und ihre identitätspolitischen Aktivisten haben diesen politischen Streit, in dem die Grundlagen der Gleichheit umgestürzt werden sollen, ideologisch ausformuliert. Jetzt stehen sich nicht mehr nur die verschiedenen Interessengruppen gegenüber, sondern es stoßen zwei gegensätzliche Weltanschauungen aufeinander. Auf der einen Seite steht die regulative Idee des Universalismus, und auf der identitätspolitischen Seite steht die Behauptung, dass das nur eine Verteidigung weißer Privilegien sei, die darum abgeräumt werden müsse.[51] Statt Gleichheit wird offensiv Ungleichheit verlangt, oder in den Worten von Ibrahim X. Kendi: »Das einzige Mittel gegen rassistische Diskriminierung ist antirassistische Diskriminierung. Das einzige Mittel gegen frühere Diskriminierung ist zukünftige Diskriminierung.«[52] Die neue Politik der CRT folgt dem ältesten aller Rachemotive: Auge um Auge, Zahn um Zahn. Wird der konkrete Konflikt als ein dergestalt gestrickter ideologischer Kampf ausgetragen, dann ist eine Einigung nicht mehr möglich. Der Vorteil eines solchen Kampfes liegt also auf der Seite der CRT, da sie keine Einigung erzielen will. Ihr Ziel ist bereits erreicht, wenn der Universalismus auf der gleichen Ebene verortet wird wie alle anderen politischen Meinungen.

Die Verteidiger des Universalismus befinden sich in einer ausweglosen Lage. Denn sie unterstützen die Kämpfe für Gleichberechtigung und müssen zugleich die Idee des Universalismus verteidigen. Durch diese doppelte Argumentation geraten sie in ein unlösbares Dilemma. Denn während die woke Identitätspolitik den Standpunkt vertritt, dass unterschiedliche Identitätsgruppen unterschiedlich behandelt werden müssen, und sie für sich beanspruchen, die Ungleichheitskonflikte »richtig« zu entscheiden, müssen die Verteidiger der universalistischen Gleichheit zum einen die Kämpfe für die partikularen Rechte der Minderheiten unterstützen und zugleich die Konsequenzen, dass der Universalismus ausgehebelt werden soll, zurückweisen. Da Identitätspolitik diese Zwangslage für ihre Interessen ausnutzt, ist die Verteidigung des Universalismus zunehmend unmöglich. Ihr Angriff treibt einen Keil zwischen die Argumente für Minderheitenrechte und die Argumente für den Universalismus. Die eine Seite des Universalismus (die Gleichheit) wird damit dem Lager des Bösen zugeordnet, während die andere Seite (der Schutz der Minderheiten) dem Partikularismus einverleibt wird.

Die Folgen für das politische Klima sind besorgniserregend. Indem Widersprüche zu Fragen der Anerkennung gemacht werden und indem sachliche Differenzen zum Stellvertreterkonflikt zwischen höheren Werten erklärt werden, werden aus politischen Debatten kulturkämpferische Konflikte. Die zivilisierende Leistung der neuzeitlichen Politik bestand darin, die polemogene Tendenz der Moral zu befrieden und die Rückbindung von Sachfragen an Ideologien zu lockern. Erst als Sachfragen auch sachlich und nicht als eine Frage der Ehre behandelt werden konnten, konnte Politik ohne Gewalt zu kollektiv bindenden

Entscheidungen kommen. Identitätspolitik macht aus Sachfragen wieder eine Frage der Identität. So wird der zivilisatorische Standard verlassen und die alten Muster der Freund/Feind-Unterscheidung werden wieder zur politischen Normalität.

Die regressive Entwicklung, die eigene Meinung als absolute Forderung zu behaupten, findet sich inzwischen in allen Politikbereichen. Klimapolitik tritt mit der Machtgeste auf, hier müssten die Interessen der jungen Generation gegen die Alten durchgesetzt werden. Sprachveränderungen werden mit der Attitüde vorgebracht, dass jeder, der die Veränderung nicht mitmacht, automatisch auf die Seite des Reaktionären fällt. Und partikulare Ansprüche nach Sonderrechten werden mit einem Furor vorgetragen, der keine Rückfrage mehr zulassen will. Alle diese Entwicklungen speisen sich aus derselben Quelle: der Ablehnung einer neutralen Instanz. Und alle diese Entwicklungen haben die gleiche Tendenz: die Zuspitzung der Widersprüche zu Konflikten, in denen es nur noch Sieger und Verlierer geben kann.

Identitätspolitischer Aktivismus bedeutet, die Bereitschaft zum Kompromiss als Verrat an der eigenen Mission zu bewerten, und die Möglichkeit, dass das Gegenargument auch recht haben könnte, als Beleidigung der eigenen Wahrheit abzulehnen. Politik, die in diesem Modus gemacht wird, verliert die befriedende Funktion demokratischer Prozesse und gerät unaufhaltsam in den Strudel des archaischen Kampfes.

Ausblick: »You won't like, what comes after the USA.«[53]

Die Anzeichen mehren sich, dass die Politik der Menschenrechte und das Modell des westlich aufgeklärten Universalismus an ein Ende kommen. Das Lächeln der chinesischen Supermacht über die Langsamkeit des westlichen Kapitalismus, dessen Innovationskraft zwischen Überregulierung und immer neuen Protesten zerrieben wird, lässt nichts Gutes ahnen. Die Wut der religiös fundamentalistischen Regionen der Welt, die den »Westen« zum Hauptfeind erkoren haben, zeigt sich immer öfter auch inmitten der westlichen Welt. Die immer noch andauernden Kämpfe der postkolonialen Länder weiten ihre Ansprüche auf Reparationen inzwischen auch auf die kulturellen Werte des Westens aus. Und schließlich werden die Angriffe aus dem Inneren der aufgeklärten Gesellschaften auf die Werte der Aufklärung immer aggressiver. Rechte Nationalisten und linke Identitätspolitiker eint dabei – zu ihrer eigenen Überraschung – die Ablehnung der bürgerlich-liberalen Aufklärung.

Der Wert der Aufklärung bestand darin, dass die Meinungsfreiheit auch denen zur Verfügung steht, die ebendiese Werte des Universalismus kritisieren wollen. Doch die Zeiten scheinen vorbei, als die freien

Gesellschaften ihre Stärke darin sahen, dass sie auch fundamentale Kritik aushalten konnten, ohne sie zu kriminalisieren. Kritik war Anreiz zur Verbesserung und keine Majestätsbeleidigung. Das Selbstvertrauen des Westens speiste sich aus der Erfahrung, dass der Systemfeind »Sozialismus« an seinen Blockaden zugrunde gegangen ist, während der Kapitalismus die Zauberei beherrscht, Krisen in Geschäfte zu verwandeln. Die Überlegenheit des westlichen Universalismus schien lange auf einem starken Selbstbewusstsein zu beruhen: Eine offene Gesellschaft ist flexibel und stark genug, um auf alle Probleme mit ihrer eigenen Systemlogik reagieren zu können.

Inzwischen häufen sich die Bedrohungen, die eine systemsprengende Kraft für ebendiese offenen Gesellschaften zu haben scheinen. Ob der Klimawandel mit den Mitteln der Konsumenten-Demokratie aufzuhalten ist, ist fraglich. Denn vielleicht stellt gerade unser Wohlstand das Hauptproblem dar. Wer den Wettlauf zwischen den Folgeschäden der Massenproduktion und der Innovationskraft rettender Erfindungen gewinnen wird, ist eine offene Frage. Zugleich mehren sich die negativen Folgen einer politischen Ökonomie, die unter dem Label des Neoliberalismus seit vierzig Jahren herrscht. Die Entfesselung der Marktkräfte hat nicht nur zu einer Welle immer neuer Konsumgüter geführt, sondern im gleichen Maße die Belastung für die Erde und die Menschen erhöht. Der Erdüberlastungstag, an dem der Verbrauch der Ressourcen die Menge überschreitet, die die Erde reproduzieren kann, lag in Deutschland bereits am 4. Mai 2023. Wo der Menschenüberlastungstag liegt, an dem der erlittene

Stress nicht mehr durch Erholung zu kompensieren ist, ist noch unbekannt. Unübersehbar ist jedoch schon heute, dass die Atomisierung des sozialen Lebens, in dem sich jeder als Konkurrent seines Nachbarn erlebt und wo täglich neue Gruppierungen auftreten, die ihre Interessen gegen alle anderen durchsetzen, die Fundamente des Vertrauens erodieren lässt.

Die Frage, ob der Universalismus, der zu einer kurzen Erfolgsgeschichte in einigen wenigen Ländern der Welt geführt hat, eine Zukunft hat, muss darum mit einem skeptischen »hoffentlich« beantwortet werden. Die Geschichte der Befreiung aus der Unmündigkeit und die anspruchsvolle Forderung, dass alle Menschen als gleich zu behandeln sind, egal welchen Geschlechts oder von welcher Herkunft sie sind, könnte sich als eine kurze Epoche der Menschheit erweisen.

Es erscheint eher wahrscheinlich, dass aus einer nahen Zukunft über das 20. und 21. Jahrhundert ähnlich entsetzt geurteilt werden wird, wie wir über das Mittelalter denken. Unsere Gegenwart wird dann als eine dunkle Epoche angesehen werden, in der Menschen Menschen millionenfach bombardiert und in Lagern getötet haben, wo Menschen Tiere in grausamen Fabriken gemästet haben, um sie schnellstmöglich schlachten und essen zu können. Und man wird mit Unverständnis auf uns schauen, dass wir die Atomspaltung erfunden und die Erde mit Giften belastet haben, ohne die Folgen beherrschen zu können. Wir leben in dem Selbstbild, ein Höhepunkt der Zivilisation zu sein, doch vielleicht werden als Signum unserer Zeit die industrielle Skalierung des Tötens und die globale Zerstörung bleiben.

Doch vielleicht liegt in der offenen Gesellschaft und ihrer Idee einer universalistischen Gleichheit auch die rettende Kraft, um die kommenden Katastrophen besser bewältigen zu können als die selbstherrlich auftretenden Totalitarismen des 21. Jahrhunderts. Um diesen Fall etwas wahrscheinlicher zu machen, könnte es geboten sein, die Ideale der Aufklärung nicht willfährig zu opfern, sondern an den Mut anzuknüpfen, den die ersten Aufklärer brauchten, um für ihre Ideen gegen die Übermacht des Adels, der Kirche und der Tradition einzustehen. Aufklärung wurde gegen die Identitätspolitik der Ständegesellschaft erkämpft. Exkommunikation, Kerker und Exil konnten zwar die Aufklärer bestrafen, die Ideen der Aufklärung konnten sie nicht verhindern. Vielleicht hilft eine solche Erinnerung, um im nächsten Empörungssturm der sozialen Netzwerke nicht gleich alle Regeln der Gleichheit aufzugeben. Wer vor der moralischen Panik flieht und das Opfer des Shitstorms im Stich lässt, sollte aufhören, sich über die Mitläufer in anderen autoritären Systemen zu empören. Der Universalismus stirbt so wie die Demokratie nicht an ihren Gegnern, sondern an der Mutlosigkeit ihrer Verteidiger.

Und vielleicht ist noch eine weitere Erinnerung hilfreich: Der Kapitalismus beutet nicht zu allen Zeiten mit den gleichen Mitteln aus. Darum musste jeder soziale Kampf den Kapitalismus seiner Zeit begreifen, um die Not lindern zu können. Und ebenso sind die Angriffe auf die Freiheit und Gleichheit nicht zu allen Zeiten gleich. Die spätmoderne offene Gesellschaft sieht sich einer neuen Form des Angriffs ausgesetzt. Es sind nicht nur die lautstarken Proteste, die im Zentrum des westlichen Wohlstands immer neue Forderungen erheben und dabei mit dem Systemsturz kokettieren. Der Westen und sein liberales Menschenbild eignen sich zum Feindbild für alle diejenigen, die ihre autoritäre Macht verteidigen wollen. Wladimir Putin nutzt inzwischen das Narrativ des Postkolonialismus, als hätte er die entsprechenden Seminare an US-amerikanischen Hochschulen besucht. Seine diskursgestählte Verdammung der westlichen Werte, mit denen er den Krieg gegen die Ukraine rechtfertigt, würde als Referat viel Lob bekommen. Und China nutzt den Postkolonialismus-Diskurs des Westens ebenso klug, um die Staaten des globalen Südens mit seiner neuen Seidenstraße an sich zu binden.

Die Kulturkämpfe, die hier beschrieben wurden, sind also nicht mehr auf den inneren Dialog, den die westlichen Gesellschaften mit sich selbst führen, beschränkt. Ihre Argumente dienen inzwischen geopolitischen Interessen, und die Gefühle, die durch ihre moralische Panik erzeugt werden, erreichen als Mittel der Propaganda eine globale Öffentlichkeit. Dabei sind die Methoden dieser Angriffe gleich: Der Universalismus wird zu einer Ideologie abgewertet, die allein den Interessen weißer Menschen dient. Es soll keine Instanz mehr geben, deren Neutralität von allen anerkannt wird. Der Versuch, damit die Welt zu befrieden, scheint an ein Ende zu kommen.

Alle diese Beispiele erinnern daran, dass die (post-) moderne Identitätspolitik ein Kind der postkolonialen Befreiungskämpfe ist. Ihr strategischer Essentialismus hatte hier seine Funktion. Diese Funktion ist aber ein Mittel des Krieges. Die Übertragung der Kriegslogik auf innergesellschaftliche Konflikte in ausdifferenzierten Gesellschaften ist unberechenbar, denn die Waffen bleiben niemals im Besitz nur einer Seite. Die Wahl von Donald Trump, die Reden von Putin und Xi Jinping oder das Erstarken rechter Parteien, sie alle zeigen, was passiert, wenn die Waffen der Identitätspolitik von allen politischen Lagern eingesetzt werden.

Das Gegenmittel kann nicht in einer weiteren identitätspolitischen Eskalation liegen, sondern nur in den kühlen Gedanken der Aufklärung. Dass dieser Versuch der Ausnüchterung, wie er auf den vorherigen Seiten versucht wurde, wiederum als böse diffamiert werden wird, zeigt, wie prekär die Lage des Universalismus geworden ist.

Vielleicht ist der Kampf zwischen den Ansprüchen der Identitäten und der Idee des Universalismus inzwischen längt zu Gunsten der partikularen Interessen entschieden. Die Zunahme autoritärer Systeme in der Welt und die Selbstverständlichkeit autoritärer Sprache in der Öffentlichkeit legt diese Vermutung nahe. In einer identitätspolitisch regierten Welt bliebe den westlichen Gesellschaften nur noch der Ausweg, ihren Universalismus als ihre eigene Identität anzuerkennen. Der Vorteil dieser neuen Bescheidenheit bestünde darin, dass sie den Anspruch aufgeben könnten, ihre Werte in alle Welt exportieren zu wollen, und zugleich könnte den Feinden des Universalismus zu Hause entschiedener entgegengetreten werden. Doch diese Bescheidenheit wäre der Bankrott des Universalismus. Ob er damit zu retten ist, ist fraglich. Die endgültig falsche Antwort auf die falsche Methode der Identitätspolitik wäre aber, die Werte des Universalismus aufzugeben und dafür die Kriegslogik der doppelten Standards und paradoxen Machttricks zu übernehmen. Denn die Menschen, die mit den Ideen der Freiheit und Gleichheit zu leben gelernt haben, werden in einer solche Lebensweise nicht glücklich werden können.

Anmerkungen

1 Immer wenn von einer »sogenannten« Identitätspolitik gesprochen wird, soll signalisiert werden, dass es so etwas eigentlich nicht gibt.

2 Benedict Anderson: Die Erfindung der Nation. Zur Karriere eines folgenreichen Konzepts. Frankfurt am Main 2005.

3 Exemplarisch hierfür ist das Zitat von Theodor Körner (1791–1813), der in den Befreiungskriegen gegen die napoleonische Besatzung gefallen ist: »Nun, Volk, steh auf und Sturm brich los« und das von Joseph Goebbels in der Sportpalastrede (1943) und im Propagandafilm »Kolberg« (1945) wieder aufgegriffen wurde.

4 Vgl. Aristoteles: Rhetorik, II. 2. 9: »Darum sind die Menschen im Leiden, in der Armut, der Liebesbegierde, als Dürstende, überhaupt in jedem Zustand des Verlangens nach etwas, ohne Befriedigung zu erlangen, zum Zürnen und zur Aufwallung bereit – vor allen Dingen denen gegenüber, die dem gegenwärtigen Zustand Geringschätzung entgegenbringen.« (Übersetzt von Frank G. Sieveking.)

5 Siehe vom Autor: Wutkultur. Berlin 2021.

6 Diese Dialektik ist als ethisches Problem bekannt. Wenn einer stiehlt, kann es ihm selbst als Vorteil erscheinen. Wenn alle stehlen, ist es für niemanden mehr vorteilhaft, da es nichts mehr gibt, das zu stehlen wäre. Der Vorteil des Einzelnen kann, wenn er zur allgemeinen Regel wird, die Grundlage des Vorteils zerstören. Aus diesem Grund ist eine solche egoistische Handlung als unethisch zu kritisieren.

7 Kulturkampf gehört wie Identitätspolitik oder Cancel Culture zu den Phänomenen, die von denjenigen, die sich von diesen Methoden den meisten Gewinn versprechen, am hartnäckigsten geleugnet werden. In dieser Leugnung zeigt sich die politische Klugheit, dass eine Methode umso wirkungsvoller ist, je weniger sie als Strategie durchschaut wird.

8 Zu erinnern sind hier vor allem die Veränderungen in der US-demokratischen Partei während der Präsidentschaft von Bill Clinton und der »dritte Weg«, den Tony Blair von der Labour Partei und Gerhard Schröder als Kanzler der SPD eingeschlagen haben.

9 Gayatri Chakravorty Spivak: Can the Subaltern speak? Postkolonialität und subalterne Artikulation, Wien 2008. Die erste Fassung dieses Essays erschien 1988.

10 Ein solcher Geschichtsoptimismus erinnert nicht zufällig an die Hoffnung, dass nach der schwierigen Phase des Sozialismus einst der Kommunismus erreicht wird. Die Geschichte des 20. Jahrhunderts hat gezeigt, dass ein solcher Optimismus selten gerechtfertigt ist. Der Sozialismus hat ebenso wie der strategische Essentialismus eine Tendenz, sich zum Dauerzustand zu verhärten.

11 Siehe Kapitel 7.

12 Nancy Fraser: Neoliberalismus und Feminismus: Eine gefährliche Liaison. In: Blätter für deutsche und internationale Politik, 12, 2013. Und Nancy Fraser: Eine neue Linke oder: Das Ende des progressiven Neoliberalismus. In: Blätter für deutsche und internationale Politik, 2, 2017. Und grundlegend zum Verhältnis von progressivem Neoliberalismus und dem Aufstieg rechtsautoritärer Bewegungen: Mark Lilla: Das Scheitern der Identitätspolitik. In: Blätter für deutsche und internationale Politik, 1, 2017.

13 Das bedeutet nicht, dass Anerkennung nicht ein wichtiger Bestandteil des Klassenkampfes ist. Doch wird sie alleine niemals als Ziel ausreichen. Der Applaus, der den Pflegekräften während Corona gespendet wurde, wurde mit dem zutreffenden Argument zurückgewiesen, dass eine bessere Bezahlung angemessener wäre.

14 Bei der umgekehrten Verbindung, wo die Identität der Arbeiterklasse leitend wird, entstehen biedere Gesell-

schaftsmodelle wie beispielsweise in der DDR. Verhängnisvoll wird die Verbindung, wenn sich Identitätspolitik mit der sozialen Frage verbindet, denn dann entsteht Faschismus. »Die beste konzise Definition von Faschismus lautet: die Ausweitung von Identitätspolitik auf den Bereich des Klassenkampfs.« Slavoj Žižek: Ein Linker wagt sich aus der Deckung. Für einen neuen Kommunismus, Berlin 2021, S. 20.

15 »Nowadays it is fashionable to talk about race or gender; the uncool subject is class.« bell hooks zitiert nach: Oliver Marchart: Cultural Studies, Konstanz 2008, S. 195.

16 Hierzu mit bemerkenswerter Klarheit: Omri Boehm: Radikaler Universalismus. Jenseits von Identität. Berlin 2022.

17 Diese Anweisung geht auf G. H. Mead zurück.

18 Diese Frage stellt Jürgen Habermas und lehnt deswegen die identitätspolitische Methode ab, da sie zu einem Kampf aller gegen alle führt, der keine Schiedsrichter mehr kennt. Siehe dazu vom Autor: Die Öffentlichkeit und ihre Feinde. Stuttgart 2021, S. 39 ff.

19 Im Herbst 2021 wurden die doppelten Standards ein weiteres Mal demonstrativ vorgeführt. Der WDR wollte eine Moderatorin einstellen, die noch vor wenigen Jahren auf Anti-Israel-Demonstrationen und in islamistischen Vereinigungen aktiv mitgewirkt hat. Als dieses bekannt wurde, zögerte der WDR mit der Beschäftigung. Dieses Nachdenken wurde von einem Protestbrief von vierhundert Unterzeichnern aus der Kulturszene beeinflusst. Hierin wurden alle Beschuldigungen pauschal als »rechte Hetze« abgelehnt und der Kandidatin eine geläuterte Gesinnung attestiert. Für die Verteidigung muslimischer Aktivisten gelten offensichtlich andere Regeln als für die mühevolle Resozialisation rechter Aktivsten. Die Nachsicht, mit der auf die vergangenen Sünden der Moderatorin geschaut wird, gilt für sie nicht. Jan Karon und Lennart Pfahler: »Der Fall Nemi El-Hassan« in: Die Welt, 19.9.2021.

20 Diese Fragen werden in dem Roman »Identitti« von Mithu Sanyal auf unterhaltsame Weise durchdekliniert.

21 Eine Sammlung solcher Kränkungsgeschichten findet sich in: Eure Heimat ist unser Alptraum. Hrsg. von Fatma Aydemir und Hengameh Yaghoobifarah, Berlin 2019.

22 Die Zeit, Nr. 33, 2021.
23 So argumentierte der Vorsitzende des Zentralrats der Juden Joseph Schuster. In: Jüdische Allgemeine, 24.8.2021.
24 Berühmt wurde der Fall von Rachel Dolezal, die sich als schwarze Amerikanerin ausgegeben und als Bürgerrechtlerin für Schwarze engagiert hat.
25 Interview mit Giovanni di Lorenzo: Die Zeit, Nr. 28, 2017.
26 René Pfister: Wie die berühmteste Zeitung der Welt zu einem Haus der Angst wurde. In: Der Spiegel 8, 2021.
27 Als prominentes und weitreichendes Beispiel kann der neue Regelkanon gelten, den die Amazon-Studios 2021 erlassen haben.
28 Hierzu vom Autor: Wie frei ist das Theater noch? In: Frankfurter Allgemeine Zeitung, 4.5.2018.
29 Darum wurde es in dem Buch von Ibrahim X. Kendi: How to be an anti-racist, mit »N*« wiedergegeben. Siehe dazu und zu den Übersetzungsproblemen des Wortes »Race« die »Anmerkung des Verlags zur Übersetzung«.
30 René Pfister: Und raus bist du. Der Spiegel, 1.7.2020. Barbar Zehnpfennig: Worüber man nicht spricht. In: FAZ, 3.5.2021. »Weiße stecken in einer Zwickmühle: Was sie auch machen, es ist falsch«. John Mc Worther im Gespräch mit René Pfister. In: Der Spiegel 11, 2021. Andreas Bikvalfi: Feindliche Umarmung der Wissenschaft. In: FAZ, 26.7.2021.
31 Diese Reformulierung basiert auf dem systemtheoretischen Kommunikationsbegriff von Niklas Luhmann. Zur Intimkommunikation siehe Niklas Luhmann: Liebe als Passion, Frankfurt am Main 1984.
32 Ein solcher Schutzschirm gegen sachfremde Argumente ist in enggeführten Diskursen üblich. In einer Fachdiskussion unter Statikern wäre die Behauptung, dass die Fallgesetze nicht immer stimmen, wenig hilfreich und kann darum ignoriert werden. Doch würden Quantenphysiker mit Statikern sprechen, wäre genau diese Ambivalenz der Festkörperphysik ein inspirierendes Thema.
33 Inzwischen werden die doppelten Standards juristisch formuliert und zum Teil von Vertragstexten gemacht. So soll bei der Beschwerde über ein rassistisches Ereignis allein die Behauptung desjenigen gelten, der sich darü-

ber beschwert. Widerspruch oder Verteidigung ist ausgeschlossen.

34 Eine lange Liste solcher Fälle gibt Anne Applebaum: The new Puritans. In: The Atlantic, 31.8.2021.

35 Ein besonders deutlicher Fall dieser Methode findet sich in dem Gespräch zwischen Jan Böhmermann, Giovanni di Lorenzo und Markus Lanz, das zuerst als Zeit-Gespräch auf Youtube zu sehen war und später als gekürzte Printversion veröffentlicht wurde. Die Zeit, 9.9.2021. Jan Böhmermann griff Markus Lanz an, dass er »menschenfeindliche« Positionen in seine Sendung eingeladen hätte. Auf Nachfrage, wen er damit meine, nannte er die Namen der beiden Virologen Hendrik Streeck und Alexander Kekulé. Die Frage, warum diese »menschenfeindlich« seien, wollte Böhmermann anschließend nicht beantworten. Da Lanz und di Lorenzo sich mit dieser Etikettierung nicht mundtot machen lassen wollten und weiterfragten, wurde offenbar, dass Böhmermann kein Argument für seine Diffamierung hatte. Je weiter er in die Defensive geriet, desto deutlicher wurde, dass das Etikett »menschenfeindlich« für Böhmermann ein abschließendes Urteil ist, das keine Erklärung erfordert. Er nutzt es als moralisches Signalwort, das seiner Gefolgschaft Orientierung gibt, stets auf der guten Seite zu stehen. Einen erklärbaren Inhalt haben diese Signale für ihn nicht. Dass sie in der Öffentlichkeit dennoch so eine große Wirkung haben, zeigt, wie weit die Regression fortgeschritten ist. Und dass der Begriff Gruppenbezogene Menschenfeindlichkeit ein soziologischer Begriff von Wilhelm Heitmeyer ist, ist Böhmermann wohl unbekannt.

36 Aus diesem Grund ist der Vergleich von Cancel Culture und autoritären Zensurvorschriften falsch. Diese erfolgen aus der Position der staatlichen Macht, während bei der Cancel Culture ein Chor aus einzelnen Empfindungen etwas fordert.

37 Einen erschütternden Bericht über die Folgen der Cancel Culture gibt Peter Boghossian: Ideologie statt Ideen. Deshalb verlasse ich die Universität. In: Die Welt, 10.9.2021.

38 Die rhetorischen Mittel, um Aussagen herauszulocken, die dann angeprangert werden können, sind vielfältig.

Sehr häufig wird die interessierte Rückfrage verwendet, die behauptet, etwas »besser verstehen zu wollen«, um anschließend den Verdächtigen eines verbotenen Denkens zu überführen. Der Youtube-Kanal »Karakaya Talk« bietet eine Fülle solcher Verhörsituationen. Auf der Oberfläche wird eine zugewandte Gesprächssituation vorgetäuscht, die bei sprachlichen Fehltritten abrupt in den medialen Pranger umschlägt.

39 Im politischen Raum werden Handlungen immer leichtfertiger mit Formulierungen begründet, die eine Notwendigkeit beschwören, die jenseits des Sprechenden liegt: Die Märkte wollen …, Der Klimawandel verlangt …, Es ist alternativlos …. Und wenn es etwas zu beklagen gibt, dann wird auch der Vorwurf in eine erleidende Form gebracht: Es ist unerträglich …, Es kann nicht sein …, Es muss Folgen haben …

40 Ibrahim X. Kendi: How to be an anti-racist, München 2020 (1. Aufl. 2019).

41 Kendi: S. 33.

42 Kendi: S. 126.

43 Dass das Blindvorspiel zur stärkeren Repräsentation einer ganz anderen Bevölkerungsgruppe geführt hat, wird von der CRT wohlweislich verschwiegen. Inzwischen nimmt die Zahl asiatischer Musiker nicht nur in den Musikhochschulen, sondern auch in den Orchestern weltweit deutlich zu.

44 Inzwischen hat Bahlsen die Waffel in »Perpetum« umbenannt.

45 Die feministische Influencerin »Frau Löwenherz« brachte diese Forderung in einer Talkshow (Maybrit Illner 20. Juli 2023) auf eine erschütternd brutale Formel. Sie sagte: »Ich glaube lieber einer Lügnerin als einem Vergewaltiger.« Die Gewalt dieser Aussage besteht darin, dass sie zwei logische Ebenen miteinander vermischt. Denn wenn es sich um eine Lügnerin handelt, handelt es sich gerade nicht um einen Vergewaltiger. Durch die paradoxe Konstruktion wird aber impliziert, dass sich immer Opfer und Täter gegenüberstehen und darum immer dem Opfer geglaubt werden muss. Die eigentliche Aussage lautet: »Ich glaube immer einer Frau, auch wenn sie eine Lügnerin ist.«

46 Robin DiAngelo: Wir müssen über Rassismus sprechen. Was es bedeutet, in unserer Gesellschaft weiß zu sein. Hamburg 2020 (1. Aufl. Boston 2018).

47 Ein weiterer Widerspruch besteht zwischen den Verboten, welche Hautfarbe sich als Konzept begreifen darf und welche nicht, und der Freiheit bei der Wahl des Geschlechts. Als Frau, Mann oder nonbinär darf sich jeder selbst erklären, bei der Hauttönung ist diese Wahl strikt begrenzt. Ebenso wird das Alter als nicht wählbare Realität behandelt. Der alte weiße Mann ist also doppelt im Gefängnis seiner Identität eingesperrt. Die einfache Erklärung hierfür lautet, dass vor allem junge und ethnisch diverse Menschen diese doppelten Standards propagieren. Sie wollen die Vorteile ihres Jungseins und ihrer Diversität nicht verlieren. Die Geschlechter scheinen hingegen so weit gleichberechtigt, dass ein Wechsel zur Frau oder zum Mann keine Vorteilsunterschiede mehr macht.

48 Michael Powell: Wann werde ich dieses rassistische Etikett je wieder los? Der Spiegel, 7.3.2021, Erstveröffentlichung in der New York Times.

49 Die Umfragen, in denen inzwischen 65 % der Deutschen meinen, ihre Meinung nicht mehr frei sagen zu können, belegen die Wirkung der Hegemonie. Auf der juristischen Ebene bleibt die Meinungsfreiheit unangetastet. Doch sind die sozialen Kosten, Identitätspolitik zu kritisieren, so hoch, dass immer weniger dazu bereit sind.

50 Kerstin Kohlenberg: Bye-bye USA. Die Zeit, 18.8.2021.

51 Die »weißen« Privilegien können wahlweise auch die Interessen der »alten weißen Männer« sein.

52 Kendi S. 32.

53 Leonard Cohen.

Zweite Auflage Berlin 2023

MSB Matthes & Seitz Berlin
Verlagsgesellschaft mbH
Großbeerenstr. 57A | 10965 Berlin
info@matthes-seitz-berlin.de

Satz: psb, Berlin
Druck und Bindung: Art-Druk, Szczecin
Umschlaggestaltung nach einer Idee von
Pierre Faucheux
ISBN 978-3-7518-3002-7
www.matthes-seitz-berlin.de